MARTIN STIEWE

INFORMATION ÜBER DIE TAUFE

1971

LUTHER-VERLAG · WITTEN

© 1971 by Luther-Verlag, Witten
Umschlaggrafik: Rudolf Kroth
Druck: G. Kroemer, Witten-Annen
Printed in Germany   ISBN 3 7858 0160 2

INHALTSVERZEICHNIS

Vorwort 7

I. Die Bedeutung der Taufe für den Christen 9
1. Der Taufbefehl 9
2. Taufe — Christus 10
3. Taufe — Heiliger Geist 14
4. Taufe — Gemeinde 17
5. Wort und Wasser 20
6. Taufe und Abendmahl 23
7. Die taufende Kirche 24
8. Der empfangende Glaube 25

II. Die Kindertaufe 29
1. Die Entstehung der Kindertaufe 29
2. Reformation und Täufertum 31
3. Kritische Stimmen in der Gegenwart 33
4. Zwölf Punkte für die Kindertaufe 36
5. Die Kindertaufe als Frage an Eltern und Gemeinde 40
6. Die Aufgabe der Paten 42
7. Die Konfirmation 43

III. Die kirchliche Taufordnung 46
1. Die Anmeldung zur Taufe 46
2. Das Taufgespräch 48
3. Der Taufgottesdienst 50
4. Die Nottaufe 53

Anhang

I. Texte aus den Bekenntnisschriften zur Taufe ... 55
1. Aus dem Nicänischen Glaubensbekenntnis ... 55
2. Aus dem Augsburgischen Bekenntnis ... 55
3. Aus den Schmalkaldischen Artikeln ... 55
4. Aus dem Großen Katechismus Martin Luthers ... 55
5. Aus dem Kleinen Katechismus Martin Luthers ... 57
6. Aus dem Heidelberger Katechismus ... 59

II. Die Taufformulare nach der Agende ... 61
1. Die Taufe eines Kindes ... 61
   Erste Form ... 61
   Zweite Form ... 66
   Dritte Form ... 69
2. Die Taufe eines Erwachsenen ... 71
   Erste Form ... 71
   Andere Form ... 75

Literaturhinweise ... 78

VORWORT

Geburt und Taufe eines Kindes liegen bei uns zeitlich meist nur wenige Wochen oder Monate auseinander. Der Einfluß der kirchlichen Sitte ist so stark, daß fast alle Kinder im ersten Lebensjahr getauft werden. Es gibt allerdings auch kritische Stimmen, besonders unter Pfarrern, die die Kindertaufe in Zweifel ziehen. Wenn man ihnen Glauben schenkt, wird die Taufe „verschleudert", weil oft die Eltern der Täuflinge mit ihrer eigenen Taufe nichts anzufangen wissen. Sicher wünschen die Eltern das Beste für ihre Kinder, ohne jedoch sagen zu können, welche Bedeutung die Taufe für das Leben des Christen hat.

Die Taufe ist nach biblischem Verständnis eine Art zweiter Geburt. Wir sollten das Leben, in das wir durch die Taufe „geboren" werden, ebenso gut kennen wie das Leben, das wir mit unserem ersten Atemzug begonnen haben. Dazu bedarf es an erster Stelle sachgerechter Information.

I. DIE BEDEUTUNG DER TAUFE FÜR DEN CHRISTEN

1. Der Taufbefehl

Die christlichen Kirchen sind verpflichtet zu taufen. Bei jeder Taufe wird zu Beginn der Taufbefehl Jesu verlesen (Mt 28, 18—20): „Mir ist gegeben alle Gewalt im Himmel und auf Erden. Darum gehet hin und machet zu Jüngern alle Völker: taufet sie auf den Namen des Vaters und des Sohnes und des heiligen Geistes und lehret sie halten alles, was ich euch befohlen habe. Und siehe, ich bin bei euch alle Tage bis an der Welt Ende." Alle kirchlichen Taufordnungen berufen sich auf den Taufbefehl, auch wenn sie sich in der Tauflehre und Taufpraxis nicht unerheblich unterscheiden. Die Einsetzung der Taufe durch Jesus wirkt sich bis heute in der Weise aus, daß ohne die Taufe niemand Mitglied der Kirche sein kann.

Das Matthäusevangelium überliefert den Taufbefehl als letztes Wort Jesu an seine Jünger und schließt mit ihm das „Buch von der Geschichte Jesu Christi" (Mt 1, 1) ab. Nicht ohne Überlegung steht der Taufbefehl am Schluß. Vor Beginn seiner Wirksamkeit hat sich Jesus der Bußtaufe Johannes des Täufers unterzogen (Mt 3, 13—17). Er selbst hat seine Jünger nicht getauft. Erst als „alle Gerechtigkeit erfüllt" ist (vgl. Mt 3, 15) und dem Auferstandenen „alle Gewalt im Himmel und auf Erden" übertragen worden ist, erhalten die Jünger den Auftrag, „alle Völker" zu taufen. Hinter dem Taufbefehl steht die Autorität dessen, der am Kreuz die Gerechtigkeit verwirklicht und die Geschicke der Welt in Händen hat.

Zwischen dem Taufbefehl und der Zusage „siehe, ich bin bei euch alle Tage bis an der Welt Ende" besteht ein enger Zusammenhang. Wenn die Kirche auftragsgemäß tauft und die biblische Botschaft unverkürzt lehrt, kann sie der Gegenwart Jesu Christi gewiß sein. Die Kirchen würden sich jedoch selbst preisgeben, wenn sie den Taufbefehl mißachteten.

2. Taufe — Christus

Nach Mt 28, 19 erfolgt die Taufe „auf den Namen des Vaters und des Sohnes und des heiligen Geistes". In anderen neutestamentlichen Schriften wird von Taufen „auf den Namen Jesu Christi" (Apg 2, 38), „in dem Namen Jesu Christi" (Apg 10, 48), „auf den Namen des Herrn Jesus" (Apg 8, 16; 19, 5), „in Jesus Christus" (Röm 6, 3) und „auf Christus" (Gal 3, 27) berichtet. Schon dieser Überblick legt die Vermutung nahe, daß die urchristliche Gemeinde die Taufe zunächst vorwiegend auf Jesus Christus oder auf den Namen Jesu Christi vollzogen hat. Wenn man noch berücksichtigt, daß der Römerbrief und Galaterbrief mehrere Jahrzehnte vor dem Matthäusevangelium geschrieben worden sind, scheint es ziemlich sicher, daß die Taufe auf den Namen des dreieinigen Gottes erst verhältnismäßig spät allgemeine Übung wurde. Die Erweiterung der Tauformel war ohne weiteres möglich, weil „in dem Namen Jesu Christi" der Bezug auf den Namen des Vaters und den Namen des Geistes enthalten war. Heute gehört zum rechten Vollzug der Taufe die *trinitarische Tauformel* (Trinität = Dreieinigkeit).

Die griechische Umgangssprache, in der die neutestamentlichen Schriften geschrieben wurden, läßt es ungewiß, in welchen Fällen stärker an eine Taufe „auf den Namen" oder „im Namen" Jesu Christi zu denken ist. „Im Namen" bedeutet soviel wie „im Auftrag" oder „in der Vollmacht". Diese Auffassung hat sich im Abendland durchgesetzt. Die abendländische Tauformel heißt infolgedessen: Ich taufe dich im Namen des Vaters und des Sohnes und des heiligen Geistes. Auch eine Übersetzung „auf Grund des Namens" ist möglich. Die überwiegenden neutestamentlichen Stellen sprechen von Taufen „auf den Namen" Jesu Christi. Manche Ausleger des Neuen Testaments verstehen diese sprachliche Wendung als den „Beziehungspunkt" oder die „Blickrichtung", in der die Taufe erfolgt. Andere Ausleger weisen darauf hin, daß man im antiken Giroverkehr eine Geldüberweisung „auf den Namen" des Empfängers ausstellte. Nach diesem Bild wäre die Taufe die Überweisung eines Menschen in den Besitz Christi. Auch die Bezeichnung der Taufe als eines Siegels, wie sie Paulus verwendet, spricht gleichnishaft davon, daß der Getaufte zum Eigentum Christi „gestempelt" ist. Jedenfalls ist mit dem „Namen" die *Person Jesu Christi* gemeint. Die Getauften tragen seinen Namen und sind sein Eigentum.

Die Taufe bewirkt jedoch nicht nur die Übereignung an die Person Jesu Christi, sondern läßt zugleich an *seinem Tod und seiner Auferstehung* teilnehmen. Paulus schreibt dazu im Römerbrief (6, 3—11) „Wisset ihr nicht, daß alle, die wir in Jesus Christus getauft sind, die sind in seinen Tod getauft? So sind wir ja *mit ihm begraben* durch die Taufe in den Tod, damit, gleichwie Christus ist auferweckt von den Toten durch die Herrlichkeit des Vaters, also sollen *auch wir in einem neuen Leben* wandeln. Denn wenn wir in ihn eingepflanzt sind zu gleichem Tode, so werden wir *ihm auch in der Auferstehung gleich sein,* weil wir ja wissen, daß unser alter Mensch *samt ihm gekreuzigt* ist, damit der Leib der Sünde aufhöre, daß wir hinfort der Sünde nicht dienen. Denn wer gestorben ist, der ist gerechtfertigt und frei von der Sünde. Sind wir aber *mit Christus gestorben,* so glauben wir, daß wir auch *mit ihm leben werden,* und wissen, daß Christus, von den Toten erweckt, hinfort nicht stirbt; der Tod kann hinfort über ihn nicht herrschen. Denn was er gestorben ist, das ist er der Sünde gestorben ein für allemal; was er aber lebt, das lebt er Gott."

Der Text wirkt beim ersten Lesen fremdartig und unverständlich. Einige Satzteile, auf die es besonders ankommt, sind deshalb im Druck hervorgehoben worden. Zuerst sehen wir uns die Aussagen an, nach denen die Getauften mit Christus „gekreuzigt", „gestorben" und „begraben" sind. Über das richtige Verständnis dieser Aussagen ist viel nachgedacht worden. Das Problem besteht darin, daß der Tod Jesu und die Taufe eines Menschen durch einen erheblichen zeitlichen Abstand getrennt sind. Dennoch sind für Paulus der Tod Jesu und die Taufe *ein* Ereignis. Das Heil, zu dem sich der (erwachsene) Täufling bekennt, ist das Heil, das im Kreuzestod Jesu „ein für allemal" (Röm 6, 10) geschehen ist. Dieses Heil ist beim Taufvorgang in der Person des Gekreuzigten so tatsächlich gegenwärtig, daß der zeitliche Abstand zur Kreuzigung Jesu bedeutungslos wird. Die Heilsbedeutung des Todes Jesu läßt sich in dem Zuspruch an die Getauften wiedergeben: Ihr seid in der Taufe mit Christus „gekreuzigt", „gestorben" und „begraben".

Der Tod Jesu ist nicht zu trennen von der Auferstehung des Gekreuzigten. Auch die Auferstehung Jesu und die Taufe sind für Paulus *ein* Ereignis. Die Taufe in den Tod Jesu verbürgt und besiegelt, daß „auch wir in einem neuen Leben wandeln" können und „ihm auch in der Auferstehung gleich sein" und „mit ihm leben werden".

Das *neue Leben,* das der Getaufte durch Tod und Auferstehung Jesu erhalten hat, scheint im Widerspruch zum ganzen Ablauf des menschlichen Lebens zu stehen, ist aber für die neutestamentliche Verkündigung bereits jetzt eine erfahrbare Wirklichkeit. Deshalb kann der Getaufte immer wieder aufgerufen werden, sein irdisches Leben auf Grund der Taufe als neues Leben zu gestalten und „den neuen Menschen anzuziehen" (Eph 4, 24). Es kann keinen Zweifel daran geben, daß aus der Taufe große Aufgaben für den Menschen erwachsen, die seine Entscheidungsbereitschaft, seinen Willen und seine Ausdauer betreffen. Die neutestamentlichen Briefe gehen von der Voraussetzung aus, daß die Einbeziehung in Kreuz und Auferstehung Jesu durch die Taufe im Menschen Kräfte freisetzt, die ihm den geforderten Gehorsam leicht machen. Andererseits ist dort, wo der Gehorsam nicht geleistet wird, der Hinweis auf die Taufe das stärkste Argument, die „Sünde nicht herrschen zu lassen" (vgl. Röm 6, 12). Es wird daran deutlich, daß die Taufe kein magischer Vorgang ist, der sich im Taufvollzug erschöpft, sondern als bleibende Verbindung zu Christus aufgefaßt werden muß. Gerade weil die Taufe das Kreuz Jesu und die Auferstehung Jesu in ihrer lebensspendenden Kraft vor Augen stellt, können von ihr ständig neue Wirkungen ausgehen. Luther hat sie im Kleinen Katechismus als tägliches Sterben des „alten Adam" und tägliches Auferstehen des „neuen Menschen" beschrieben.

Der unlösbare Zusammenhang von Taufe und neuem Leben muß heute in doppelter Hinsicht betont werden. Manche Menschen meinen, mit ihrer eigenen Taufe oder mit der Taufe ihrer Kinder sei alles Notwendige geschehen, um der Gnade Gottes gewiß zu werden. Das ist an sich nicht unrichtig, kann aber zu einer falschen Sicherheit führen. Die Taufe öffnet eine Tür, durch die der Mensch zu seinem eigenen Besten gehen kann. Das bedingt eine Standortveränderung, zu der nicht jeder bereit ist. Im Johannesevangelium sagt Jesus: „Ich bin die Tür; wenn jemand durch mich eingeht, der wird gerettet werden..." (Joh 10, 9). Der Getaufte hat durch die Taufe die Freiheit, durch die Tür zu treten. Wer als

Getaufter vor der Tür stehen bleibt und den Gehorsam verweigert, ist „rückständig".

In einer Volkskirche, in der fast alle Menschen die Taufe empfangen, aber „praktizierende" Christen eine Minderheit bilden, liegt auch die andere Gefahr nahe, daß die Taufe gegenüber der heutigen Glaubensentscheidung und Glaubensbewährung an Bedeutung verliert. Glaubensentscheidung und Glaubensbewährung, so wichtig sie sind, können jedoch niemals die Taufe ersetzen, in der uns Christus eine Tür öffnet, die wir selbst nicht öffnen können. Die Reformatoren haben auch in dieser Hinsicht davor gewarnt, auf die eigenen „Werke" zu vertrauen.

3. Taufe — Heiliger Geist

In den neutestamentlichen Aussagen über die Taufe wird das Wirken des heiligen Geistes besonders hervorgehoben. Im 1. Korintherbrief schreibt Paulus (6, 11): „Ihr seid abgewaschen, ihr seid geheiligt, ihr seid gerecht geworden durch den Namen des Herrn Jesus Christus und durch den Geist unsers Gottes." Einige Kapitel später heißt es (1Kor 12, 13): „Wir sind durch *einen* Geist alle zu *einem* Leibe getauft, wir seien Juden oder Griechen, Unfreie oder Freie, und sind alle mit *einem* Geist getränkt." Im Titusbrief steht (3, 4 und 5): „Als aber erschien die Freundlichkeit und Leutseligkeit Gottes, unsers Heilandes, rettete er uns, nicht um der Werke willen der Gerechtigkeit, die wir getan hatten, sondern nach seiner Barmherzigkeit durch das Bad der Wiedergeburt und Erneuerung im heiligen Geiste." Hier werden Taufe und heiliger Geist in einem Atemzug genannt. So geschieht es auch nach dem Johannesevangelium in dem nächtlichen Gespräch Jesu mit Nikodemus (Joh 3, 5): „Wahrlich, wahrlich, ich sage dir: Es sei denn, daß jemand geboren werde aus Wasser und Geist, so kann er nicht in das Reich Gottes kommen."

In all diesen Schriftzitaten werden *zwei Wirklichkeiten* aufeinander bezogen, eine sichtbare und eine unsichtbare: Wasser und Geist. Erst die unsichtbare Wirklichkeit, die Gegenwart des heiligen Geistes, gibt der Taufe den Rang einer zweiten Geburt und schenkt dem Getauften Anteil an dem durch Christus ermöglichten neuen Leben.

Umgekehrt verlangt die unsichtbare Wirklichkeit des heiligen Geistes die sichtbare Wirklichkeit der Taufe. Die bekannte Pfingsterzählung in der Apostelgeschichte des Lukas (Apg 2, 1—41) berichtet von der Ausgießung des heiligen Geistes in einer Weise, die deutlichmacht (Zungen „wie von Feuer"), daß es sich um die von Johannes dem Täufer vorausgesagte Geist- und Feuertaufe handelt. Diese Geist- und Feuertaufe findet ihre Fortsetzung als Wassertaufe (Petrus: „Tut Buße und lasse sich ein jeglicher taufen auf den Namen Jesu Christi zur Vergebung eurer Sünden, so werdet ihr empfangen die Gabe des heiligen Geistes.").

Es ist leicht einzusehen, warum die neutestamentlichen Schriften das Wirken des heiligen Geistes bei der Taufe so stark herausstellen. Sie gehen davon aus, daß niemand Jesus Christus so begegnen kann, wie es den ersten Jüngern möglich war. In der Sicht des Neuen Testaments ist das kein Nachteil, sondern ein Vorteil, weil Jesus Christus jetzt über „alle Macht im Himmel und auf Erden" (Mt 28, 18) verfügt. Ein Beweis dieser Macht ist das Wirken des heiligen Geistes, der auch „Christi Geist" (Röm 8, 1—11), „Geist des Sohnes" (Gal 4, 6) und „Geist des Herrn" (2Kor 3, 17) genannt wird, bei der Taufe.

In der neutestamentlichen Zeit lag diese Aussage auf der Hand. Es wurden ja Erwachsene getauft, die aus eigener Glaubenserkenntnis wußten, was später Luther in seiner Erklärung zum dritten Glaubensartikel zusammengefaßt hat: „Ich glaube, daß ich nicht aus eigener Vernunft noch Kraft an Jesus Christus, meinen Herrn, glauben oder zu ihm kommen kann; sondern der heilige Geist hat mich durch das Evangelium berufen..." Der heilige Geist, der bereits zur Taufe hingeführt hatte, bewirkte selbstverständlich auch im Taufvollzug die endgültige Einbeziehung in das Heilswerk Christi.

In Kirchen, in denen bereits die kleinen Kinder getauft werden, liegen die Dinge nicht so einfach. Dennoch werden fast alle Getauften, die in der Zeit nach ihrer Taufe zum Glauben gekommen sind, das Wirken des heiligen Geistes in der Taufe nicht bestreiten. In der Taufe wurde ihnen durch den heiligen Geist zugeeignet, was sie in einer späteren Zeit durch das Wirken desselben Geistes annahmen.

Aus der Zusammengehörigkeit von Taufe und heiligem Geist darf man allerdings nicht schließen, daß unter allen Umständen der Empfang der Taufe mit dem Empfang des heiligen Geistes zeitlich zusammenfallen *muß*. Im Neuen Testament wird sowohl von Menschen erzählt, die getauft werden, weil sie den heiligen Geist empfangen haben (zB Kornelius und sein Haus, Apg 10, 1—44), als auch von Menschen, die erst einige Zeit *nach* ihrer Taufe den heiligen Geist erhalten (zB die ersten Christen in Samaria, Apg 8, 14—17). Doch sind Taufe und heiliger Geist so eng aufeinander bezogen, daß der Empfang des heiligen Geistes zur Taufe und die Taufe zum Empfang des heiligen Geistes führt.

Auf das Wirken des heiligen Geistes hat der Mensch keinen Einfluß. Das verurteilt ihn jedoch in keiner Weise zur Passivität. Die Briefe des Neuen Testamentes sind erfüllt von Aufrufen, sich aktiv zum Geist Gottes zu bekennen und die entsprechenden Folgerungen für das

Leben des einzelnen und der Gemeinschaft zu ziehen (vgl. Gal 5, 25: „Wenn wir im Geist leben, so lasset uns auch im Geist wandeln."). Der heilige Geist zwingt nicht. Die Getauften können ihn „belügen" (vgl. Apg 5, 3), ihm „widerstreben" (vgl. Apg 7, 51), ihn „dämpfen" (vgl. 1Thess 5, 19) und ihn „schmähen" (vgl. Hebr 10, 29). Sie können aber auch auf den Geist „säen" (vgl. Gal 6, 8) und nach seinen Gaben „streben" (vgl. 1Kor 12, 31; 14, 1). Die Entscheidungssituation, in die die Taufe den Menschen stellt, wird vielfach zu wenig beachtet. Der Getaufte steht vor der Wahl, sich *für* oder *gegen* seine Taufe zu entscheiden.

Aus der Wirksamkeit des heiligen Geistes bei der Taufe darf nicht geschlossen werden, daß daraus eine Eigenschaft des Menschen wird, die das Gebet um den heiligen Geist überflüssig macht. Je mehr die Taufe im Leben eines Menschen an Bedeutung gewinnt, desto mehr wird sich in ihm die Erkenntnis vertiefen, daß er auf den heiligen Geist zu allen Zeiten angewiesen bleibt.

4. Taufe — Gemeinde

Die Taufe begründet *die Mitgliedschaft in der Kirche*. Es soll hier nicht untersucht werden, inwiefern auch Ungetaufte (zB ungetaufte Kinder christlicher Eltern) der Kirche angehören können. Unzweifelhaft ist jedoch, daß der Mensch durch die Taufe in die Kirche aufgenommen wird. Man ist nicht „automatisch" in der Kirche, wächst nicht in sie hinein und kann ihr nicht durch eine schriftliche oder mündliche Erklärung wie einem Verein beitreten, sondern wird in sie hineingetauft.

Wenn man das griechische Wort für „Kirche" zugrundelegt (das Neue Testament ist bekanntlich in griechischer Sprache geschrieben), dann hat die Kirche ihren Namen von der Versammlung der Christen im Gottesdienst. Die

Taufe ist deshalb an erster Stelle *Aufnahme in den Gottesdienst.* In unseren volkskirchlichen Gemeinden scheint das nichts Besonderes zu sein. Jeder kann auch ungetauft zum Gottesdienst kommen. In der urchristlichen Gemeinde war das anders. Zwar hat sich die christliche Verkündigung von Anfang an betont an Außenstehende gewandt, aber der Gottesdienst umfaßte zunächst die Getauften. Nichtgetaufte werden nur in Ausnahmefällen am Gottesdienst teilgenommen haben (vgl. 1Kor 14, 23 und 24). Vor allem gab die Taufe den Zugang zum Abendmahl frei, das sich nach den ältesten Taufordnungen an die Taufe anschloß und in jedem Gottesdienst gefeiert wurde. Auch heute gilt die Bestimmung, daß niemand das Abendmahl ohne Taufe empfangen kann. Durch die Taufe wird der Mensch in eine *Gemeinschaft* hineingenommen, die den gemeinsamen Gottesdienst ebenso umfaßt wie das gemeinsame Handeln im Alltag. Bei uns stellt sich diese Gemeinschaft in erster Linie als *Kirchengemeinde* dar, in der der Getaufte seinen Wohnsitz hat. Der Getaufte findet hier Menschen, bei deren Zusammenkünften unter dem Wort Gottes seine Fragen und Probleme zur Sprache kommen. Durch Kirchensteuern und Sammlungen trägt er zu gemeinsamen Aufgaben bei und wird selbst durch die Beiträge der anderen gefördert. In der Feier des heiligen Abendmahls ist ein Platz am Tisch des Herrn für ihn bestimmt. Für ihn wird gebetet werden, wie auf sein Gebet Wert gelegt wird. Das Vorbild der urchristlichen Gemeinde hat seine Gültigkeit nicht verloren, auch wenn es nur selten erreicht wird: „Sie blieben beständig in der Apostel Lehre und in der Gemeinschaft und im Brotbrechen und im Gebet" (Apg 2, 42).

Verschiedene bildhafte Vergleiche verdeutlichen im Neuen Testament den Sinn der neuen Gemeinschaft. Die Getauften gehören zum Volk Gottes, in dem alle mensch-

lichen Unterschiede aufgehoben sind (Gal 3, 28: „Hier ist nicht Jude noch Grieche, hier ist nicht Knecht noch Freier, hier ist nicht Mann noch Weib; denn ihr seid allzumal *einer* in Christus Jesus"). Sie setzen ihre verschiedenen Begabungen füreinander ein und verwirklichen als „Leib Christi" seinen Willen (vgl. 1Kor 12, 27). Ihre Übereinstimmung ist so groß, daß sie als „Behausung Gottes im Geist" (vgl. Eph 2, 20—22) einen Ort des Friedens bilden. Alle drei Bilder (Volk, Leib, Haus) betonen die *Einheit* unter den Getauften. Die Weltkirchenkonferenz 1961 in Neu-Delhi hat im Blick auf diese Einheit erklärt: „Wir glauben, daß die Einheit, die zugleich Gottes Wille und seine Gabe an seine Kirche ist, sichtbar gemacht wird, indem alle an jedem Ort, die in Jesus Christus getauft sind und ihn als Herrn und Heiland bekennen, durch den heiligen Geist in eine völlig verpflichtete Gemeinschaft geführt werden, die sich zu dem einen apostolischen Glauben bekennt, das eine Evangelium verkündigt, das eine Brot bricht, sich im gemeinsamen Gebet vereint und ein gemeinsames Leben führt, das sich in Zeugnis und Dienst an alle wendet."
Obwohl eine solche Einheit unter den Christen keineswegs die Regel ist, so ist doch die Taufe das stärkste Band, das die Christen zusammenhält. Es verbindet über alle Lehrunterschiede hinweg die Kirchen, die die Taufe gegenseitig anerkennen, wenn sie rechtmäßig vollzogen worden ist. Auch die katholische Kirche handelt nach diesem Grundsatz.
Die Zugehörigkeit zur Kirche beteiligt die Getauften an dem *Auftrag*, den Christus seiner Kirche gegeben hat. Weder die Taufe noch die Kirche sind Selbstzweck. Taufe und Kirche haben den Sinn, zu der Neuordnung der Welt, wie sie in der Liebe Jesu beispielhaft sichtbar geworden ist, beizutragen. Die Taufe entläßt als „zweite Geburt" in ein Leben, in dem Unfrieden, Ungerechtig-

keit, Unterdrückung und Benachteiligung mit ihren unheilvollen Folgen (vgl. Offb. 21, 4: „Tränen", „Tod", „Leid", „Geschrei", „Schmerz") keinen Platz haben dürfen. Sie verlangt deshalb von dem Getauften, von der Versöhnung her zu leben, zu denken und zu handeln. Sie drängt, befähigt und ermutigt, selbstlos in Familie, Beruf und Gesellschaft zu sein und für die Opfer jeder Lieblosigkeit einzutreten. Dabei kann die kirchliche Gemeinschaft, in die der Getaufte durch seine Taufe gestellt ist, helfen, gemeinsam soziale Schranken und Vorurteile zu überwinden, Konflikte durchzustehen und für die Versöhnung zu arbeiten. Erst in der Wahrnehmung dieses Auftrags wird sich dem Getauften die Bedeutung seiner Taufe voll erschließen.

5. Wort und Wasser

Die Verwendung von Wasser bei der Taufe ist keine Nebensache. Wasser ist ein altes religiöses *Symbol*. Im alttestamentlichen Gesetz wird die Reinigung mit Wasser bei vielen Anlässen vorgeschrieben, zB bei der Berührung kultisch „unreiner" Tiere, nach dem Wochenbett und nach der Heilung vom Aussatz (vgl. 3. Mose 11 —15 und 4. Mose 19). Die Propheten nehmen in ihrer Predigt auf solche Waschungen Bezug. Der Prophet Jesaja fordert sein Volk auf: „Wascht euch, reinigt euch, tut eure bösen Taten aus meinen Augen, laßt ab vom Bösen!" (vgl. Jes 1, 16). Der Prophet Jeremia mahnt: „So wasche nun, Jerusalem, dein Herz von der Bosheit, auf daß dir geholfen werde" (vgl. Jer 4, 14). Mit der Erkenntnis, daß eine „innerliche" Reinigung notwendig ist, verbindet sich der Ruf zur Buße. Der Prophet Hesekiel kündigt eine solche Reinigung als Tat Gottes an, der seinem Volk zusagt: „Ich will reines Wasser über euch sprengen, daß ihr rein werdet; von all eurer

Unreinheit und von allen euren Götzen will ich euch reinigen" (vgl. Hes 36, 25). In der Geschichte des Judentums nach der babylonischen Gefangenschaft nehmen die kultischen Waschungen an Bedeutung zu. In den Synagogen entstehen die Bäder. Besonders die Pharisäer nahmen es mit den Waschungen ernst. Ein Pharisäer mußte sich durch ein Tauchbad reinigen, wenn ihn ein Nichtpharisäer berührte. Wenn ein Heide in die jüdische Gemeinde aufgenommen werden wollte, mußte er sich u. a. ebenfalls einem Tauchbad unterziehen, bei dem er in Gegenwart jüdischer Zeugen bei meist fließendem Wasser selbst untertauchte. Diese „Proselytentaufe" machte den Heiden „rein" und öffnete ihm den Zugang zum jüdischen Gottesdienst. Die Bußtaufe Johannes des Täufers, zu der das ganze Volk aufgerufen wurde, nimmt in diesem Zusammenhang eine Sonderstellung ein, aber auch sie war Wassertaufe. Der Gebrauch von Wasser — an sich ein alltäglicher Vorgang — eignete sich für alle diese Taufhandlungen in hervorragender Weise, weil er die „innere" Reinigung des Menschen in einer äußeren sinnbildhaften Handlung vor Augen stellte. Es ist leicht einzusehen, daß auch die christliche Taufe an diese Tradition anschließt.

Der entscheidende Vorgang bei der christlichen Taufe ist jedoch nicht die Verwendung des Wassers, sondern die Verbindung von *Wort und Wasser.* Im Kleinen Katechismus stellt Luther die Frage: „Wie kann Wasser solch große Dinge tun?" Er beantwortet sie damit, daß das Wasser *ohne* Gottes Wort „schlicht Wasser und keine Taufe" ist, *mit* Gottes Wort dagegen „ein gnadenreich Wasser des Lebens und ein Bad der neuen Geburt im Heiligen Geist", also echte Taufe. Die Kraft der Taufe besteht in dem rettenden Handeln Gottes (vgl. Tit 3, 5), in der Auferstehung Jesu Christi (vgl. 1Petr 3, 21) und der Gegenwart des heiligen Geistes. Gottes schöpferisches Wort, das in seinem Auftrag von Menschen bei der Taufe gesprochen wird, läßt mit dem Taufwasser Sündenvergebung und ewige Erlösung auf einen Menschen niederströmen, der an die Worte und Verheißungen Gottes glaubt. Durch Gottes Wort machen drei Handvoll Wasser einen Menschen zum Christen und geben ihm ein „unauslöschliches Siegel" (vgl. den Titel des Buches von Elisabeth Langgässer). Durch Gottes Wort werden in der Taufe die Sünden „abgewaschen" (vgl. Apg 22, 16 und 1Kor 6, 11). Weil die Taufe ein „Wasserbad im Wort" ist, kommt ihr erlösende Kraft zu. Das Wort macht die Taufe zum *Sakrament*. Ohne das Wort ist das Taufwasser „kein anderes Wasser als das, womit die Magd kocht" (Luther im Großen Katechismus).

Während Luther im Kleinen Katechismus die Taufe als unlösliches Ineinander von Wort und Wasser versteht, unterscheidet der reformierte Heidelberger Katechismus das Wasserbad als „Wahrzeichen und Siegel" (Frage 66) von dem reinigenden Handeln Gottes. Auf die Frage 69: „Wie wird dir in der heiligen Taufe in Erinnerung gerufen und versichert, daß du an dem einmaligen Opfer Christi am Kreuz Anteil hast?" antwortet der Heidelberger Katechismus: „Christus hat dies äußere Wasserbad eingesetzt und die Verheißung hinzugefügt: So gewiß ich äußerlich mit Wasser gewaschen bin, das den Schmutz von unserem Leibe entfernt, so gewiß bin ich mit seinem Blut und Geist von der Unreinheit meiner Seele gewaschen, nämlich von allen meinen Sünden." Die Taufe gibt die Gewißheit, daß das Opfer Christi am Kreuz dem Getauften persönlich gilt, wenn er es im Glauben annimmt. Das Taufwasser wäscht die Sünden nicht ab — das geschieht durch das Blut Jesu Christi und den heiligen Geist (vgl. Frage 72), aber die Taufe ist ein „Pfand" (vgl. Frage 73) für die am Kreuz geschehene Sündenvergebung.

Über diesen Unterschied zwischen der lutherischen und der reformierten Tauflehre ist oft gestritten worden. Heute herrscht Übereinstimmung, daß die Taufe kein selbstwirksames Heilsmittel ist, sondern von dem begleitenden Wort, das den Glauben weckt und stärkt, her verstanden werden muß. Taufe ist sichtbares Wort.

6. Taufe und Abendmahl

Die beiden Sakramente, die die evangelische Kirche kennt, sind Handlungen, durch die Christus Menschen in seinen Tod und seine Auferstehung hineinzieht. Durch Taufe und Abendmahl erhält der Mensch Vergebung der Sünden. Beide Sakramente sind sichtbares Wort und vom Wort her zu verstehen. Dennoch gibt es grundlegende Unterschiede. Während das Abendmahl nach den Einsetzungsworten zur regelmäßigen Wiederholung bestimmt ist, schließt die Taufe eine Wiederholung aus. In gewisser Weise entspricht dieser Unterschied den beiden Zeichen für den Bund Gottes mit dem Volk Israel im Alten Testament: der Beschneidung und dem Passa.

Die *Einmaligkeit der Taufe* wird im Neuen Testament überall vorausgesetzt. Die Taufe wird nicht umsonst mit der Geburt verglichen. Durch sie wird der Mensch Bürger einer neuen Welt. Die Aufnahme in die Gemeinde, den „Leib Christi", braucht nicht wiederholt zu werden, weil sie nicht widerrufen werden kann. Gewiß kann sich der Mensch gegen seine Taufe entscheiden, aber bestehen bleibt, daß Christus auch für ihn gestorben und auferstanden ist (vgl. Röm 6, 3—11) und daß er jederzeit zu seiner Taufe zurückkehren kann. Gottes Verheißungen, die bei der Taufe gesprochen werden, bleiben in Kraft. Gott bricht sein Wort nicht. Er beruft in eine Gemeinschaft, in der er durch Predigt und Abendmahl gegenwärtig ist. Deshalb knüpfen alle späteren kirchlichen Handlungen an die Taufe an.

An dem Grundsatz der Einmaligkeit der Taufe halten alle Kirchen fest. Im Laufe der Kirchengeschichte ist nie ernsthaft in Frage gestellt worden, daß jeder Mensch nur einmal die Taufe empfangen kann. Es hat wohl in den ersten nachchristlichen Jahrhunderten Auseinandersetzungen darüber gegeben, ob eine Taufe durch „Ketzer" gültige christliche Taufe sei, aber eine gültige Taufe wurde nicht wiederholt. Die Baptisten sehen in der Kindertaufe keine rechtmäßige Taufe, aber in ihren Augen rechtmäßige Taufen werden nicht wiederholt. In der evangelischen Kirche ist jede Wiederholung einer mit Wasser auf den Namen des Dreieinigen Gottes vollzogene Taufe untersagt.

7. Die taufende Kirche

Die christliche Taufe kann man sich *nicht selbst* geben. Darin kommt zum Ausdruck, daß der Mensch zu dem, was in der Taufe an ihm geschieht, nichts beitragen kann. Er hat auf die Taufe keinen Anspruch, weil er auf Kreuz und Auferstehung Jesu Christi, die ihm in der Taufe zugute kommen, keinen Anspruch erheben kann. Die Taufe wird ihm im Auftrage Christi (vgl. Mt 28, 18—20) durch einen anderen Menschen *gespendet*. Auch die Verheißungen, die bei der Taufe gesprochen werden und sie inkraftsetzen, kann sich der Täufling nicht selbst zusprechen. Das bei der Taufe gesprochene Wort verbietet die Selbsttaufe.

Nach dem Taufbefehl ist es selbstverständlich, daß ausschließlich Angehörige der christlichen Gemeinde die Taufe spenden. Dabei handelt der Täufer nicht als einzelner, sondern für die Kirche, in die der Täufling aufgenommen wird. Wer die Taufe vollzieht, ist dabei unerheblich.

Im 1. Korintherbrief kritisiert der Apostel Paulus Men-

schen, die sich auf ihre Täufer berufen (1Kor 1, 14—16):
„Ich danke Gott, daß ich niemand unter euch getauft habe außer Krispus und Gajus, damit nicht jemand sagen möge, ihr seiet auf meinen Namen getauft. Ich habe aber auch getauft des Stephanas Haus; weiter weiß ich nicht, ob ich etliche andere getauft habe."
Die Person des Täufers ist belanglos, weil sie nur ein *Werkzeug* für Gottes Wirken ist. Selbst wenn es sich bei dem Täufer um einen Menschen handelt, der nur äußerlich zur Kirche gehört und in schweren Verfehlungen lebt, können durch ihn vollzogene Taufen nicht in Frage gestellt werden. Wie der Täufling auf das Taufgeschehen keinen Einfluß hat, so kann auch der Täufer die Taufe weder im guten noch im schlechten Sinne beeinflussen.
Die Spendung der Taufe erfolgt nach der kirchlichen *Ordnung*. Im Neuen Testament werden neben den Aposteln und ihren Mitarbeitern auch Personen als Täufer genannt, die kein besonderes Amt in der Gemeinde gehabt zu haben scheinen. Die spätere Entwicklung hat das Recht, Taufen vorzunehmen, auf die Amtsträger der Kirche eingeschränkt. In der evangelischen Kirche ist es aber unbestritten, daß jeder Getaufte die grundsätzliche Befähigung, Berechtigung und Bevollmächtigung besitzt, Taufen zu vollziehen. Ob der zuständige Pfarrer oder ein anderes Gemeindeglied (etwa bei einer Nottaufe) tauft, in beiden Fällen ist die stiftungsgemäße Taufe gültig. Es sind praktische Gründe (zB die Wortverkündigung bei der Taufe), die für die heutige Regelung sprechen.

8. Der empfangende Glaube

Bei jeder Taufe wird in Verbindung mit dem Taufbefehl nach Mt 28, 18—20 das Wort Jesu aus dem Markusevangelium verlesen (Mk 16, 16): „Wer da glaubet und getauft wird, der wird selig werden; wer aber nicht glaubet, der wird verdammt werden." Die Taufe geschieht im biblischen Verständnis *auf Glauben hin.* Sie macht die bewußte Entscheidung des Menschen nicht überflüssig, sondern setzt sie voraus. „Durch den Glauben" werden die Menschen „Gottes Kinder", die in der Taufe „Christus angezogen" haben (vgl. Gal 3, 26 und 27). Luther schreibt über den Glauben bei der Taufe im Großen Katechismus: „Der Glaube allein macht die Person würdig, das heilbringende göttliche Wasser mit Nutzen zu empfangen ... Ohne Glauben ist das Wasser nichts nütze, auch wenn es an sich selbst ein göttlicher, übergroßer Schatz ist." Der Heidelberger Katechismus lehrt, daß der Glaube durch die Taufe (und durch das Abendmahl) „bestätigt" wird (Frage 65).

Über das Verhältnis von *Glaube und Taufe* ist viel nachgedacht und gestritten worden. Dabei geht es um die Frage, ob der Glaube beim Täufling vorhanden sein muß, bevor er getauft werden kann, oder ob die zeitliche Reihenfolge (erst Glaube, dann Taufe) unerheblich ist, weil Glaube und Taufe beide Geschenke sind, die der Mensch nicht in ein Schema pressen darf. Die Baptisten, eine der größten evangelischen Freikirchen, haben sich zusammengeschlossen, weil sie sich in diesem Punkt von den evangelischen Landeskirchen unterscheiden. Bei der Einstellung zur Kindertaufe spielt die grundsätzliche Beantwortung dieser wichtigen Frage eine entscheidende Rolle (vgl. Kapitel II).

Getauft wurde in neutestamentlicher Zeit, wer vor der Taufe ein *Glaubensbekenntnis* ablegte. Der Apostel Paulus erinnert höchstwahrscheinlich an ein solches Taufbekenntnis, wenn er im Römerbrief schreibt (Röm 10, 9): „Denn so du mit deinem Munde bekennst Jesus, daß er der Herr sei, und glaubst in deinem Herzen, daß ihn Gott von den Toten auferweckt hat, so wirst du gerettet." Danach erklärte der Taufbewerber „Jesus ist der Herr", und dieser Erklärung entsprach die innere Überzeugung, daß Gott Jesus von den Toten auferweckt hat. Voraussetzung des Taufempfanges ist also der Glaube, daß der gekreuzigte, gestorbene und begrabene Jesus von Nazareth lebt und als der Auferstandene die Macht hat, in sein Sterben und Auferstehen den Getauften aufzunehmen. Wer dieses „Wort der Wahrheit" als für sich verbindlich annimmt, wird in der Taufe mit dem heiligen Geist „versiegelt" (Eph 1, 13) als Eigentum Gottes. Auch heute gehört zu jeder Taufe das Glaubensbekenntnis, das bei einer Erwachsenentaufe vom Täufling selbst, bei einer Kindertaufe von Eltern und Paten anstelle des Kindes gesprochen wird. Es handelt sich dabei um das „Apostolische Glaubensbekenntnis", das im Verlauf einer längeren dogmengeschichtlichen Entwicklung auf der Grundlage der apostolischen Verkündigung entstanden ist und seit Otto I. als Taufbekenntnis gebraucht wird. In den evangelischen Kirchen wird es auch im Sonntagsgottesdienst der Gemeinde gebraucht.

Von dem Glauben vor Empfang der Taufe ist im Neuen Testament allerdings viel weniger die Rede als von dem Glauben *nach* Empfang der Taufe. Das kommt daher, daß sich die neutestamentlichen Schriften an bereits Getaufte wenden. Durch die Taufe ist der Christ mit dem Tod und der Auferstehung Jesu verbunden und darf von dieser Verbindung ewiges Heil erwarten. Hier hat der Getaufte „immerfort zu schaffen, daß er das fest glaube, was sie zusagt und bringt: Überwindung des Teufels und des Todes, Vergebung der Sünde, Gottes Gnade, den ganzen Christus und den Heiligen Geist mit seinen Gaben. Kurz, es ist so überreich, daß die zaghafte Natur, wenn sie es bedenkt, daran zweifeln möchte, ob es denn wahr sein könne" (Luther im Großen Katechismus). Die

Taufe stellt so in eine täglich neue Glaubensentscheidung, sofern sie im Bewußtsein des Getauften lebendig bleibt. Sie erleichtert aber auch den Glauben, wenn wir zu zweifeln beginnen, ob uns persönlich alles das gilt, was wir bei anderen nicht bestreiten wollen. Hier darf sich der Getaufte sagen: „Ich bin doch getauft! Bin ich aber getauft, so ist mir zugesagt, daß ich selig werden und das ewige Leben für Seele und Leib bekommen soll" (Luther im Großen Katechismus).

Die neutestamentlichen Briefe sind darüber hinaus von *Mahnungen* durchzogen, im praktischen Verhalten mit der Taufe ernst zu machen. So mündet alles, was Paulus im Römerbrief zur Taufe sagt, in die Aufforderung: „Also auch ihr, haltet euch dafür, daß ihr der Sünde gestorben seid und lebet Gott in Christus Jesus" (Röm 6, 11). Die Taufe mutet eine Standortveränderung zu. An den täglichen Entscheidungen der Getauften wird erkennbar, wieweit sie bereit sind, sich auf den Standpunkt Jesu Christi zu stellen, der sie in der Taufe in seine Gemeinschaft aufgenommen hat. Die Taufe stellt die Aufgabe, kritisch zu sehen, was uns unterwerfen will, und zeigt zugleich die Liebe Jesu Christi als Alternative zur eigenen und fremden Lieblosigkeit. An dem Getauften liegt es, ob er *mit* seiner Taufe oder *gegen* sie leben will.

II. DIE KINDERTAUFE

1. Die Entstehung der Kindertaufe

In den neutestamentlichen Schriften wird die Erwachsenentaufe als Regeltaufe stillschweigend vorausgesetzt. Von der Taufe eines Kindes lesen wir nichts. Gelegentlich kann man vermuten, daß auch Kinder mitgetauft worden sind. Im 1. Korintherbrief schreibt Paulus, er habe des Stephanas *Haus* getauft (vgl. 1Kor 1, 16). Die urchristliche Predigt richtete sich nicht selten an ein ganzes Haus (vgl. Apg 11, 14; 16, 31). Die Purpurhändlerin Lydia und der Gefängnisinspektor in Philippi sowie der Synagogenvorsteher Krispus in Korinth ließen sich jeweils mit ihrem Haus taufen. Waren unter diesen Familien kleine Kinder? Für ein sicheres historisches Urteil reichen solche Rückschlüsse nicht aus.

Bis in das zweite Jahrhundert n. Chr. muß die Erwachsenentaufe so gut wie ausschließlich geherrscht haben. Erste schriftliche Nachrichten deuten darauf hin, daß in Gallien im 2. Jahrhundert Säuglinge und Kinder getauft worden sind. Sichereren Boden erreichen wir erst mit der Kirchenordnung des *Hippolyt* etwa aus dem Jahr 215. Sie ist in Rom entstanden, wo Hippolyt als Kirchenlehrer wirkte, und enthält folgende Bestimmung: „Zuerst sollt ihr die Kleinen taufen. Alle, die für sich sprechen können, sollen für sich sprechen. Für die aber, die nicht sprechen können, sollen ihre Eltern sprechen oder ein anderer, der zu ihrer Familie gehört." Aus einer Schrift von *Tertullian* (ca. 160—220) wissen wir, daß um das Jahr 200 n. Chr. in Nordafrika kleine Kinder getauft wurden. Tertullian wandte sich gegen eine solche Taufpraxis: Die Kinder „mögen Christen werden, wenn sie Christus zu erkennen vermögen... Was hat das unschuldige Alter so eilig mit der Vergebung der Sünden zu tun?" Tertullian hielt einen Taufaufschub für besser, aber die Gültigkeit der Kindertaufe bestritt er in keiner Weise. Die Kindertaufe wurde bald in Nordafrika verpflichtende Ordnung. So beruft sich der Bischof *Cyprian* von Karthago (ca. 205—258) in einem Brief auf den Beschluß einer Synode von Karthago, etwa aus dem Jahr 251, die Kinder nicht erst am achten Tag nach ihrer Geburt, sondern schon am zweiten oder dritten Tag zu taufen. Für *Origenes*, den bedeutendsten Gelehrten der frühchristlichen Zeit, ist um das Jahr 240 die Kindertaufe apostolische Tradition. Für ihn hat die Kirche „von den Aposteln die Überlieferung empfangen, auch den Kindern die Taufe zu spenden". Zwar rät noch im Jahr 381 der Bischof von Konstantinopel, *Gregor von Nazianz*, von der Kindertaufe ab, aber im Jahr 418 erklärt die Synode von Karthago, daß ungetaufte Kinder nach Joh 3, 5 in die Verdammung kommen.

Die geschichtliche Entwicklung läßt drei Zeiträume erkennen:

1. In der neutestamentlichen Zeit bleibt es dunkel, ob Kinder mit ihren Eltern und Familien getauft worden sind. Diese Feststellung besagt nicht, daß die Kindertaufe unbiblisch ist. Selbst wenn sie in der urchristlichen Gemeinde nicht geübt sein sollte, haben die neutestamentlichen Aussagen über die Taufe zu ihrer Entstehung entscheidend beigetragen.

2. Spätestens um das Jahr 200 n. Chr., wahrscheinlich viel früher, beginnt die Kindertaufe ihren Siegeszug. Zwar gibt es auch Stimmen, die von der Kindertaufe abraten und ein späteres Taufalter für richtiger halten, aber die Kindertaufe wird von allen anerkannt und vollzogen, wenn die Eltern es wünschen.

3. Nach der Mitte des dritten nachchristlichen Jahrhunderts wird die Taufe von Kindern immer selbstverständlicher. Um das Jahr 400 ist es allgemeine Überzeugung,

daß die Kindertaufe nicht nur sein darf, sondern sein muß, damit die Kinder im Falle des Todes selig werden können.

2. Reformation und Täufertum

Bis zur Reformationszeit ist die Kindertaufe in der Kirche nicht mehr bestritten worden. Erst die Humanisten, zB *Erasmus von Rotterdam,* haben anhand der neutestamentlichen Texte kritisch gefragt, ob die jedem Kind gespendete Wassertaufe wirklich die von Jesus angekündigte Geisttaufe sei. *Luther* und die übrigen Reformatoren haben in ihrer Auseinandersetzung mit der mittelalterlichen Kirche die Kindertaufe beibehalten. Im *Augsburgischen Bekenntnis,* der unter maßgeblicher Beteiligung *Melanchthons* entstandenen Verteidigungsschrift der evangelischen Landesherren und Städte auf dem Augsburger Reichstag von 1530, heißt es in Artikel IX, „daß man auch die Kinder taufen soll, welche durch solche Taufe Gott überantwortet und gefällig werden". Die Reformatoren mußten die Kindertaufe sehr bald verteidigen, als unter dem Eindruck der reformatorischen Predigt die *„Täufer"* die Gültigkeit der Kindertaufe bestritten und begannen, die Taufe an den Erwachsenen zu wiederholen. *Luther, Zwingli* und *Calvin* haben sich ausführlich mit der Lehre der Täufer, die man bald Wiedertäufer nannte, auseinandersetzen müssen. Das zeigt schon, daß sich die Argumente der Täufer nicht einfach vom Tisch wischen ließen.

Die Täufer unterschieden die *äußere* Wassertaufe von der *inneren* Taufe mit dem heiligen Geist. Die innere Taufe wird von Christus durch den heiligen Geist allen bußfertigen Menschen zuteil, die im Evangelium unterrichtet worden sind. Sie äußert sich in einem persönlichen Glauben, in Bekehrung und Wiedergeburt sowie in dem Entschluß, an dem geschenkten neuen Leben festzuhalten. Sie ist die Voraussetzung der Wassertaufe, in der der Täufling seinen Glauben vor der Gemeinde bezeugt und von ihr in die Gemeinde der Heiligen aufgenommen wird. Innere und äußere Taufe fallen also zeitlich auseinander. Die Wassertaufe ist Gläubigentaufe und kann erst erfolgen, wenn der Mensch innerlich getauft ist und glaubt. So wird in den *Schleitheimer Artikeln* aus dem Jahr 1527 gesagt: „Die Taufe soll allen denen gegeben werden, die über die Buße und Änderung des Lebens belehrt worden sind und wahrhaftig glauben, daß ihre Sünden durch Christus hinweggenommen sind, und allen denen, die wandeln wollen in der Auferstehung Jesu Christi und mit in den Tod begraben sein wollen..." Nach dieser Auffassung ist die Kindertaufe keine Taufe. Sie ist nach *Balthasar Hubmaier* eine Pflanze, die der himmlische Vater nicht gepflanzt hat (vgl. Mt 15, 13). Die Taufe an einem als Kind getauften, später zum Glauben gekommenen Erwachsenen ist deshalb nach der Lehre der Täufer keine Wiedertaufe.

Luther hat die Kindertaufe gegen die Täufer leidenschaftlich verteidigt. Zwar ist der Glaube Bedingung für den Empfang der Verheißung der Taufe („Was nicht Glaube ist, ... empfängt auch nichts"), aber weil Gott selbst den Glauben wirkt, kann er durch die Wortverkündigung während der Taufhandlung auch bei Säuglingen Glauben entstehen lassen. Der „beste und stärkste Beweis" für die Berechtigung und Gültigkeit der Kindertaufe besteht nach Luther darin, daß Gott offensichtlich vielen von denen, die als Kinder getauft wurden, den heiligen Geist gegeben hat. Wenn Gott die Kindertaufe nicht gelten ließe, würde er anders handeln. Selbst wenn die Kinder wirklich nicht glauben sollten, wäre eine erneute Taufe unrecht. Manche der Argumente Luthers, vor allem die Annahme eines Säuglingsglaubens, können wir heute nicht mehr teilen, aber seine Grundeinstellung hat nichts von ihrer Aktualität eingebüßt: Luther warnte davor, über den Glauben anderer, auch der Kinder, aufgrund psychologischer Kategorien zu urteilen und auf eine besondere „Entscheidung" zu warten.

Bei *Calvin* und in der reformierten Tradition begründet der Bund Gottes mit seinem Volk die Kindertaufe. Die Kinder „gehören ebenso wie die Erwachsenen in den Bund Gottes und seine Gemeinde" (Heidelberger Katechismus, Frage 74). Schon im alten Bund wurde die Beschneidung an Säuglingen vollzogen. Die Beschneidung im alten Bund entspricht der Taufe im neuen Bund (vgl. Kol 2, 11—13). Deshalb darf den Kindern christlicher Eltern das Zeichen des neuen Bundes, die Taufe, nicht vorenthalten werden. Gottes Verheißung gilt allen Altersstufen.

In den Jahrhunderten nach der Reformation ist die Kindertaufe in den lutherischen und reformierten Kirchen herrschende Sitte geblieben. Fast alle Kirchenordnungen gehen davon aus, daß die Kinder in den ersten Monaten nach der Geburt getauft werden.

Die Grundauffassung des Täufertums wird heute von den *Mennoniten* und den *Baptisten* vertreten. Sie lehren die Erwachsenentaufe als Gläubigentaufe. Von den Mennoniten wird jedoch die Kindertaufe bei einem Beitritt anerkannt, während die Baptisten die Kindertaufe bei Neueintretenden nicht gelten lassen, weil ihr keine Bekehrung vorausgegangen sei.

3. Kritische Stimmen in der Gegenwart

In den letzten Jahren ist die Kritik an der Kindertaufe erneut aufgeflammt. Ausschüsse und Synoden haben sich mit ihr beschäftigt. Der bekannteste Kritiker ist der bedeutende Theologe *Karl Barth*. In seiner viele Bände umfassenden „Kirchlichen Dogmatik" trägt Band IV, 4 (erschienen 1967) den Titel: „Die Taufe als Begründung des christlichen Lebens." Für Barths Tauflehre ist die strenge Unterscheidung zwischen der Taufe mit dem heiligen Geist und der Taufe mit Wasser kennzeichnend. Barth beruft sich dabei vor allem auf die Taufe Johannes des Täufers (vgl. Mt 3, 11: „Ich taufe euch mit Wasser zur Buße; der aber nach mir kommt, ... wird euch mit dem heiligen Geist und mit Feuer taufen").

Nach Barth ist die *Taufe mit dem heiligen Geist* ausschließlich Gottes Werk. Sie äußert sich darin, daß „das Wort Jesu Christi in der Macht des Heiligen Geistes" an einen Menschen ergeht, der auf diese Weise „kraft der ihm widerfahrenden Treue Gottes ihm wieder treu und so ein Christ wird". Diese Wendung des Menschen zu Gott ist Gnade. Sie ist nicht nur eine „Anregung", sondern „feurige Erleuchtung von innen". Sie fordert „volle, rückhaltlose, unbedingte Dankbarkeit" und befreit zum Gehorsam. Sie ist Aufnahme in die Kirche und Neubeginn des Lebens. Die Kirche ist bei diesem Geschehen „weder Urheberin, noch Spenderin, noch Vermittlerin". „Jesus Christus *selbst,* er ganz allein, macht einen Menschen zum Christen." Er allein tauft mit dem heiligen Geist.

Die Taufe mit Wasser ist dagegen der „erste Schritt", den der Christ nach seiner Taufe mit dem heiligen Geist in eigener Entscheidung tut. In der Wassertaufe, die auf seinen eigenen Wunsch durch die christliche Gemeinde vollzogen wird, legt er „das verbindliche Bekenntnis seines Gehorsams, seiner Umkehr, seiner Hoffnung" ab. Die Taufe mit Wasser „antwortet" und „entspricht" der Taufe mit dem heiligen Geist. Sie „ist das Werk und das Wort der Menschen, die Jesus Christus gehorsam geworden sind und ihre Hoffnung auf ihn setzen. Die Taufe geschieht als Wassertaufe von der Geistestaufe her und auf sie hin. Sie ist aber als solche nicht Geistestaufe, sie ist und bleibt Wassertaufe".

Wenn die Taufe eine Gehorsams- und Bekenntnistat des Menschen ist, ist die *Kinder*taufe abzulehnen. Barth hält die Kindertaufe für eine „kummervolle Sache". Sie ist eine „äußerst bedenkliche und fragwürdige" Weise der Taufe. Sie ist für Barth nicht einfach ungültig, aber es ist entschieden vor ihr zu warnen.

Trotz des hohen Ansehens, das das theologische Werk Karl Barths bei uns genießt, hat seine Tauflehre die kirchliche Taufpraxis nicht verändert. So haben noch in jüngster Zeit die westfälische und die württembergische Landessynode entschieden, daß eine grundsätzliche Verwerfung der Kindertaufe vom Pfarramt ausschließt.

Andere Kritiker der Kindertaufe haben das reformatorische Taufverständnis beizubehalten versucht, aber gegen die Kindertaufe eingewendet, daß die Reihenfolge *Verkündigung — Glaube — Taufe* grundsätzlich unumkehrbar sei und durch die Kindertaufe auf den Kopf gestellt werde. Sie berufen sich dabei besonders auf einen Satz von Paulus im Römerbrief (Röm 10, 17): „So kommt der Glaube aus der Predigt, das Predigen aber durch das Wort Christi." Glaube entstehe durch die Verkündigung des Wortes Gottes. Wer sie nicht hören und verstehen könne, könne auch nicht glauben. Luther habe die Reihenfolge Verkündigung — Glaube — Taufe in seiner Tauflehre für unaufgebbar gehalten. Er habe aber gemeint, durch die Macht des Wortes Gottes könnten bereits Säuglinge durch die Verkündigung bei der Taufhandlung zum Glauben kommen und die Taufe im Glauben empfangen. Diese Anschauung Luthers könne heute nicht mehr geteilt werden, wohl jedoch der Kern seiner Tauflehre, daß nur Glaubende getauft werden sollten.

Das bedeute die Abschaffung der Kindertaufe zugunsten der Taufe des mündigen Erwachsenen. Einzelne Pfarrer haben mit dieser Begründung abgelehnt, ihre eigenen Kinder zu taufen.
Die stärkste Kritik an der Kindertaufe kommt jedoch nicht aus biblisch-theologischen Überlegungen, sondern entzündet sich an der kirchlichen *Taufpraxis*. Viele Eltern begehren die Taufe ihrer Kinder, obwohl ihnen ihre eigene Taufe nichts bedeutet. Die Gründe, warum trotzdem die Taufe der Kinder gewünscht wird, sind oft unklar. Einmal ist die Kindertaufe Sitte, der man sich nicht entziehen will. Manche Eltern berufen sich auf Verwandte, die auf die Taufe des Kindes drängen. Auch das Empfinden, dem Kind könne ohne die Taufe etwas fehlen, spielt eine Rolle. Man möchte dem Kind nichts vorenthalten. Auch unklare religiöse Hoffnungen und Ängste sowie die Erwartung der Hilfe der Kirche bei der Erziehung des Kindes mögen mitsprechen. Darf die Kirche großzügig darüber hinwegsehen, daß die christliche Erziehung durch die Eltern weitgehend nicht mehr geschieht und daß die Kinder auf diese Weise in einer Umwelt aufwachsen, in der sie mit dem Glauben kaum in Berührung kommen?

4. Zwölf Punkte für die Kindertaufe

Unter den Veröffentlichungen, die *für* die Kindertaufe eintreten, besitzt das Buch von *Edmund Schlink* „Die Lehre von der Taufe" (1969) besondere Bedeutung. Schlink hat zwölf Leitsätze für die Berechtigung der Kindertaufe aufgestellt:
1. Es gibt kein ausdrückliches Wort Jesu oder der Apostel, das die Kindertaufe gebietet oder verbietet. Dennoch „ist die Frage der Kindertaufe keinesfalls der willkürlichen Entscheidung der Kirche überlassen". Kin-

der dürfen nur dann getauft werden, wenn die Kirche „gewiß ist, daß sie damit im Glaubensgehorsam gegenüber dem ihr gegebenen göttlichen Auftrag handelt".

2. Die Kirche tauft „Kinder, die in ihrer Mitte aufwachsen werden". Die Eltern der Kinder gehören der Kirche an und wünschen die Taufe. Die Kirche erkennt mit der Taufe der Kinder an, „daß alle Menschen unter der Herrschaft der Sünde und des Todes geboren sind". Säuglinge haben sich zwar „noch nicht in eigener Entscheidung gegen Gott aufgelehnt" und unterscheiden sich darin von den Erwachsenen, aber wenn sie älter werden, werden sie sich nicht selbst von der Herrschaft der Sünde befreien können.

3. „Indem die Kirche Kinder tauft, erkennt sie den geoffenbarten Heilswillen Gottes an, daß alle Menschen durch Jesus Christus und die Kraft des Heiligen Geistes gerettet werden." Schlink beruft sich auf das *Kinderevangelium* (Mk 10, 13—16): „Und sie brachten Kinder zu ihm, daß er sie anrühre. Die Jünger aber fuhren die an (die sie trugen). Da es aber Jesus sah, ward er unwillig und sprach zu ihnen: Lasset die Kinder zu mir kommen und wehret ihnen nicht; denn solcher ist das Reich Gottes. Wahrlich, ich sage euch: Wer das Reich Gottes nicht empfängt wie ein Kind, der wird nicht hineinkommen. Und er herzte sie und legte die Hände auf sie und segnete sie." Hier wird zwar nicht die Taufe von Kindern berichtet, aber Jesus hat „den herzugebrachten Kindern durch seine Segnung an eben derselben Gottesherrschaft Anteil gegeben, an der Gott seit Jesu Erhöhung durch die Taufe Anteil gibt".

4. „Die Kirche tauft Kinder in dem Glauben, daß Gott sie durch die Taufe Jesus Christus, dem für alle Welt Gekreuzigten und Auferstandenen, als dem Herrn übereignet." Sie handelt in der Überzeugung, „daß Gott

durch die Taufe das ganze weitere Leben des Kindes rettend umgreift".

5. „Die Kirche tauft Kinder in dem Glauben, daß Gott ihnen durch die Taufe den Heiligen Geist gibt, der in alle Wahrheit leitet." „Der Beginn des Geisteswirkens ist nicht an die Voraussetzung menschlichen Erkennens und Bekennens gebunden."

6. Die Kirche tauft Kinder „in dem Glauben, daß Gott sie durch die Taufe zu Gliedern der Kirche ... macht". Die kleinen Kinder können natürlich „noch nicht den Kampf des Glaubens kämpfen, das Christuszeugnis vor der Welt ablegen und in Fürbitte für die Welt eintreten". Stattdessen sind sie mit ihrer „unverhüllten Bedürftigkeit" und mit ihrem „unverstellten Angewiesensein auf den, von dem sie das Leben empfingen", nach den Worten Jesu ein Vorbild für die Jünger (vgl. Mt 18, 3).

7. Die Kirche tauft in dem Vertrauen, „daß die Gebete, mit denen die Kinder zur Taufe herzugebracht werden und von denen ihr Heranwachsen umgeben sein wird, von Gott erhört werden".

8. „Indem die Kirche Kinder tauft, vertraut sie darauf, daß Gott sich durch das Evangelium, mit dem sie den Lebensweg der getauften Kinder begleiten wird, als mächtig erweisen wird." Die getauften Kinder wachsen ja in ihrer Mitte auf, werden unterwiesen werden und im Abendmahl an der Gemeinschaft des Leibes und Blutes Jesu Christi teilnehmen.

9. Mit der Taufe von Kindern erkennt die Kirche an, „daß nicht nur die Rettung des Glaubenden, sondern auch die Entstehung und die Erhaltung des Glaubens Gottes Tat ist, die er durch das Evangelium und die Sakramente in der Kraft des Heiligen Geistes vollbringt". In der Kindertaufe wird deutlich, daß die selbständige Entscheidung für den Glauben „Gnadengabe" ist.

10. „Indem die Kirche Kinder tauft, anerkennt sie, daß

Glaube und Taufe zusammengehören." Die Kirche tauft „im Glauben hinein in den Glauben".

11. Die Kirche tauft Kinder, weil sie weiß, daß die „zeitliche Reihenfolge von Glauben und Taufe" nicht entscheidend ist. „Die zeitliche Folge der Ereignisse des Lebensablaufs ist in der Taufe ... außer Kraft gesetzt: Der Getaufte hat seinen noch ausstehenden Tod in Christo schon hinter sich, und das Leben des vom Tode Auferstandenen ist ihm schon erschlossen." Entscheidend ist dagegen „der den Lebenslauf umklammernde Zusammenhang von Glaube und Taufe: Wer nicht glaubt, wird trotz empfangener Taufe der Rettung nicht teilhaftig". Deshalb „tauft die Kirche nur solche Kinder, die unter dem Zeugnis des Glaubens aufwachsen werden".

12. Indem die Kirche „Kinder tauft, bevor sie selbst Christus erkennen und bekennen können, übergeht sie nicht deren Glaubensentscheidung, sondern hilft ihnen, zum Ja des Glaubens zu kommen. Sie vergewaltigt nicht ihre Freiheit, sondern sie hilft ihnen zur Freiheit des Glaubens". Die Kirche bekennt sich damit zu den Verheißungen, die sich mit der Verkündigung, den Sakramenten und dem Gebet verbinden. „Denn ohne vorauszuwissen, wie der Täufling sich einst entscheiden wird, vertraut sie darauf, daß Gott ihr Zeugnis und ihr Gebet nicht fruchtlos bleiben läßt an diesem Kind."

Schlink begründet in den zwölf Leitsätzen, daß sich die Kindertaufe biblisch und reformatorisch gut rechtfertigen läßt. Er läßt jedoch keinen Zweifel daran, daß die innerliche Aushöhlung der Volkskirche die Kirche veranlassen muß, im Einzelfall gewissenhaft zu prüfen, ob Eltern und Paten durch ihre eigene Glaubensentscheidung das Taufbegehren glaubhaft machen.

5. Die Kindertaufe als Frage an Eltern und Gemeinde

Die Entscheidung, ob ein Kind getauft werden soll, liegt bei den Eltern und bei der Gemeinde, zu der die Eltern gehören. In einer Volkskirche, wie wir sie in der Bundesrepublik haben, werden in der Regel die Kinder getauft, wenn die Eltern selbst getauft sind, die Taufe ihres Kindes wünschen und eine christliche Erziehung versprechen. Deshalb kommt der Entscheidung der *Eltern* größte Bedeutung zu. Sie handeln für ihr unmündiges Kind, das sich weder zustimmend noch ablehnend äußern kann, und werden seine Fragen beantworten müssen, wenn es größer wird. Sie müssen zunächst einmal selbst wissen, was sie mit der Taufe ihres Kindes wünschen. Wenn ein Kind im Namen des Vaters und des Sohnes und des heiligen Geistes getauft worden ist, haben nicht mehr die Eltern das letzte Wort über das Kind. Sie unterstellen sich zusammen mit den Paten dem Anspruch, in der Erziehung dem Wort Gottes Raum zu geben, mit dem Kind zu beten und mit ihm zum Gottesdienst zu gehen. Ein Kind wird sehr bald merken, ob die Eltern aus innerer Überzeugung gehandelt haben, als sie es zur Taufe brachten, oder ob sie einer fragwürdig gewordenen allgemeinen Sitte folgten. Die Taufe eines Kindes setzt voraus, daß es in der Familie dem Glauben begegnet, auf den hin es getauft worden ist. Deshalb ist eine ehrliche Selbstprüfung der Eltern vor der Taufe des Kindes notwendig.

Die Eltern tragen die Verantwortung für die Taufe ihres Kindes nicht allein. Die Taufe eines Kindes ist nicht Familiensache, sondern *Gemeinde*angelegenheit. Während ein Kind durch Geburt zu einer Familie gehört, wird es durch die Taufe in die Gemeinde Jesu Christi aufgenommen. Dabei kommt es nicht in erster Linie auf die äußerliche Zugehörigkeit zu einer Kirchengemeinde, sondern auf die gemeinsame Glaubensüberzeugung an. Mit der Taufe eines Kindes übernimmt die Gemeinde die Verantwortung, daß das Kind zum Glauben finden kann. Das wird am leichtesten geschehen können, wenn die Haltung der Eltern das Hineinwachsen des Kindes in den Glauben unterstützt. Umgekehrt kann es „nicht die Aufgabe der Kirche sein, jedes Kind von Getauften zu taufen" (Schlink). Die Taufe darf Eltern nicht aufgedrängt werden. Sie muß abgelehnt werden, wenn bei den Eltern das Verhältnis zum Glauben grundlegend gestört ist.

Die Verantwortung der Gemeinde erschöpft sich selbstverständlich nicht mit der gewissenhaften Prüfung, ob im einzelnen Fall die Taufe eines Kindes zu rechtfertigen ist. Die getauften Kinder sind ja „ihre" Kinder, für deren Glauben sie mit einstehen muß. Die Kinder haben ein Anrecht darauf, gründlich über den Glauben unterrichtet zu werden, auf den hin sie getauft worden sind. Schon der *Kindergarten*, der in vielen Gemeinden eingerichtet ist, führt die Kinder zusammen. Der *kirchliche Unterricht* durch den Pfarrer (Katechumenen- und Konfirmandenunterricht) und der *Religionsunterricht* in den Schulen geben einen umfassenden Überblick über Glaubensfragen. *Kindergottesdienste* bieten den Kindern die Möglichkeit, mit Gleichaltrigen zu singen, zu beten und biblische Geschichten zu hören. Viele Gemeinden veranstalten besondere *Familiengottesdienste,* zu denen die Eltern mit ihren Kindern eingeladen werden, oder führen in der Urlaubszeit an der See oder in den Bergen *Familienfreizeiten* durch, die neben der Erholung den Sinn haben, die Kirche als Gemeinschaft kennenzulernen. Gelegentlich finden auch *Elternseminare* statt, in denen sachkundige Referenten mit den Eltern alle Fragen der Erziehung besprechen. Selbstverständlich stehen alle diese Einrichtungen auch den nichtgetauften Kindern bzw. ihren Eltern offen.

6. Die Aufgabe der Paten

Bei der Taufe eines Kindes treten nach alter kirchlicher Überlieferung *Paten* an die Seite der Eltern. Die Paten sprechen mit den Eltern das Taufbekenntnis (das Apostolische Glaubensbekenntnis) und antworten auf die Frage des Pfarrers, ob das Kind auf den Namen des Vaters und des Sohnes und des heiligen Geistes getauft werden soll. Sie versprechen, nach besten Kräften dafür zu sorgen, daß das Kind im christlichen Glauben erzogen wird. Sie sollen sich des Kindes annehmen, ihm helfen, bei Christus und seiner Gemeinde zu bleiben, und für das Kind beten. In manchen Gemeinden legen die Paten beim Vaterunser mit dem Pfarrer und den Eltern dem Täufling segnend die Hand auf. Einer der Paten hält bei der Taufe das Kind über den Taufstein und nennt dessen Namen.

Durch die Paten nimmt die christliche Gemeinde ihre Verantwortung bei der Kindertaufe in einer persönlichen Weise wahr. Wer es mit seiner Pflicht als Pate ernst meint, wird sich bemühen, an der inneren Entwicklung des Patenkindes teilzunehmen und ihm, soweit er es kann, den Weg zum Glauben erleichtern.

Das Patenamt steht in der Gefahr, eine sinnentleerte volkskirchliche Sitte zu werden, bei der Verwandtschaft und Freundschaft die eigentliche Aufgabe verdecken. Um so wichtiger ist bei der Wahl der Paten die Überlegung, wer den Eltern gerade bei der *christlichen* Erziehung ihres Kindes helfen kann.

Wer Pate werden kann, ist in den Taufordnungen der einzelnen Landeskirchen geregelt. Die Paten müssen zur evangelischen Kirche gehören und zum Abendmahl zugelassen sein. Ob auch Katholiken ausnahmsweise Paten bei der Taufe eines evangelischen Kindes sein können, ist unterschiedlich geregelt. Wo ausschließlich evangelische Paten verlangt werden, zB in Westfalen, können Katholiken und Angehörige einer anderen christlichen Kirche als *Taufzeugen* zugelassen werden. Auch die katholische Kirche läßt nur Paten des eigenen Bekenntnisses zu, während Angehörige der evangelischen Kirche Taufzeugen sein können. Der entscheidende Gesichtspunkt ist dabei, daß die christliche Erziehung nur konfessionell erfolgen kann. Mitglieder von Sekten können auch als Taufzeugen nicht zugelassen werden (zB Adventisten, Christliche Wissenschaft, Mormonen, Zeugen Jehovas, Neuapostolische Gemeinde).

7. Die Konfirmation

Wenn ein kleines Kind in den ersten Monaten nach seiner Geburt getauft wird, erfaßt es die Bedeutung dieses Vorgangs nicht. Eltern und Paten bekennen (allein oder mit der Gemeinde) den Glauben, auf den das Kind getauft wird. Sie beantworten die Fragen, die an sich der Täufling beantworten müßte. Die selbständige Glaubensentscheidung des Täuflings ist aber unerläßlich (vgl. Mk 16, 16). Sie muß unbedingt erfolgen und setzt einen eingehenden Unterricht voraus. Die Handlung, in der nach zweijährigem kirchlichen Unterricht durch den Pfarrer die ausdrückliche Zustimmung des getauften Kindes zum christlichen Glauben nachgeholt wird, trägt die aus der lateinischen Sprache stammende Bezeichnung Konfirmation (= Befestigung).
Die Konfirmation ist im volkskirchlichen Bewußtsein tief verankert. Generationen hindurch fiel sie mit der Schulentlassung und dem Eintritt in das Berufsleben zusammen. Darüber ist die Bindung der Konfirmation an

die Taufe oft in den Hintergrund getreten. Sie wird heute wieder deutlicher gesehen. Die Konfirmation ist im evangelischen Verständnis kein Sakrament wie die Firmung in der katholischen Kirche, aus der die Konfirmation geschichtlich entstanden ist. Die Reformatoren haben mit Nachdruck die Überzeugung vertreten, daß Gottes Gnade bei der Taufe eines Kindes nicht durch eine spätere zweite sakramentale Handlung am Jugendlichen ergänzt oder bestätigt werden müsse. Die ersten reformatorischen Konfirmationsordnungen sind durch den Straßburger Reformator Martin *Bucer* in den Jahren 1538 und 1539 in Hessen eingeführt worden. Die Konfirmation hat sich dann in allen deutschen Landeskirchen durchgesetzt. Sie hat im wesentlichen drei Aufgaben zu erfüllen:

1. Die Konfirmation ist der *Abschluß des nachgeholten Taufunterrichts*. Zu einem solchen Unterricht ist die Kirche durch den Taufbefehl verpflichtet, in dem Taufe und Lehre miteinander verbunden sind (vgl. Mt 28, 19—20). Die Kinder lernen im Unterricht den christlichen Glauben in seinen Grundzügen bzw. „Hauptstücken" (Luther) kennen und verstehen. Besonderer Wert wird auf die Zehn Gebote, das Apostolische Glaubensbekenntnis, das Vaterunser, die Taufe und das Abendmahl gelegt. Der Christ soll wissen, an wen er glaubt, was er glaubt und warum er glaubt. Das getaufte Kind soll in seinem Glauben selbständig und mündig werden.

2. Die Konfirmation ist *das nachgeholte Taufbekenntnis*. Dem Kind wird nach gründlichem Unterricht die Möglichkeit gegeben, sich vor der Gemeinde das Bekenntnis zu eigen zu machen, das Eltern und Paten bei seiner Taufe gesprochen haben. Im Glauben kann sich niemand vertreten lassen. Darum gehört die Bereitschaft zum eigenen öffentlichen Bekenntnis zur Taufe dazu, sobald das Kind verstanden hat, worum es in der Taufe geht.

3. Die Konfirmation ist *Einladung zum Abendmahl*. Die Gemeinschaft der Getauften kommt an keiner Stelle so sichtbar zum Ausdruck wie in der Tischgemeinschaft des Abendmahls (vgl. 1Kor 10, 16: „Der gesegnete Kelch, welchen wir segnen, ist der nicht die Gemeinschaft des Blutes Christi? Das Brot, das wir brechen, ist das nicht die Gemeinschaft des Leibes Christi?"). Wer an der Abendmahlsgemeinschaft teilnimmt, sollte verstehen können, was er mit Brot und Wein empfängt. Der Konfirmandenunterricht bereitet die getauften Kinder auf den Empfang des Abendmahls sorgfältig vor, damit sie verständnisvoll und ehrfürchtig an der Feier teilnehmen können. In der Konfirmation werden die getauften Kinder offiziell zu den Abendmahlsfeiern zugelassen. Sie nehmen nun teil an dem Mahl, in dem die Gemeinde „des Herrn Tod verkündigt, bis daß er kommt" (vgl. 1Kor 11, 26).

Die Verbundenheit der Gemeinde mit ihren getauften Kindern kommt im Konfirmationsgottesdienst in der *Fürbitte* und in der *Handauflegung* zum Ausdruck, mit denen Gottes Segen für die Konfirmanden erbeten wird. Jeder Konfirmand erhält für seinen weiteren Lebensweg ein besonderes *Bibelwort* (Konfirmationsspruch), das in manchen Fällen schon sein Taufspruch gewesen ist. Er kann nun selbst *Pate* sein.

Es gibt Vorschläge, die Konfirmation anders zu gestalten und zB die Kinder früher zum Abendmahl gehen zu lassen. Für den Konfirmandenunterricht werden neue Lehrpläne erprobt, die die Erkenntnisse der modernen Pädagogik berücksichtigen. Vor allem kommt es darauf an, daß die Konfirmation kein „christliches Komödienspiel" (Kierkegaard) ist, sondern auf freiwilliger, ernstgemeinter Zustimmung des getauften Kindes beruht.

III. DIE KIRCHLICHE TAUFORDNUNG

1. Die Anmeldung zur Taufe

In allen evangelischen Landeskirchen ist für die Anmeldung zur Taufe eines Kindes der *Pfarrer* zuständig, zu dessen Gemeinde die Eltern gehören bzw. (bei größeren Gemeinden) in dessen Pfarrbezirk sie wohnen. Auch bei der Taufe eines Erwachsenen entscheidet in der Regel der Wohnsitz darüber, welcher Pfarrer zuständig ist. Nur wo Personalgemeinden vorhanden sind, kann sich der Erwachsene entscheiden, zu welcher Gemeinde er durch seine Taufe gehören will. Diese Regelung der Zuständigkeit ist sinnvoll. Der Gemeindepfarrer kennt in vielen Fällen die Eltern des Täuflings. Er wird am besten dafür sorgen können, daß das getaufte Kind in die Gemeinde hineinwächst.

Allerdings kann es auch Gründe geben, die Taufe durch einen anderen Pfarrer vollziehen zu lassen. Es kann zB ein besonderes Vertrauensverhältnis zu einem anderen Pfarrer bestehen, das den Wunsch begreiflich macht, das Kind durch ihn taufen zu lassen. Dann stellt der zunächst zuständige Pfarrer auf Wunsch eine *Abmeldebescheinigung* (Dimissoriale) aus, so daß die Taufe in einer anderen Gemeinde stattfinden kann. Selbstverständlich darf die Abmeldebescheinigung nur dann ausgestellt werden, wenn die Taufe nach der Kirchenordnung zulässig ist.

Die Taufe eines Kindes sollte nach Möglichkeit *durch beide Eltern* gemeinsam beim Pfarrer angemeldet werden. Die Anmeldung der Taufe durch Verwandte oder durch Freunde darf nur in begründeten Ausnahmefällen (zB Krankheit der Eltern) geschehen. Die Eltern können sich in ihrer Verantwortung für die Taufe ihres Kindes nicht vertreten lassen.

Bei der Anmeldung der Taufe dienen die *amtlichen Unterlagen* (Familienbuch) als Grundlage für die spätere Eintragung in das Kirchenbuch. Aus ihnen gehen die Personalien, Konfessionszugehörigkeit und kirchliche Trauung der Eltern hervor. Wenn nur einer der Eltern der evangelischen Kirche angehört, muß der andere erklären, daß er die Erziehung des Kindes im evangelischen Bekenntnis nicht hindern will. Wenn beide Eltern der evangelischen Kirche nicht angehören, soll die Taufe nicht gewährt werden. Nur in besonderen Ausnahmefällen, bei denen ein strenger Maßstab angelegt wird, kann die Taufe unter der Bedingung vollzogen werden, daß an Stelle der Eltern evangelische Christen für die evangelische Erziehung des Kindes zuverlässig sorgen.

Bei der Anmeldung der Taufe müssen außerdem die *Paten* des Kindes benannt werden. Für Paten, die zu einer anderen Kirchengemeinde gehören und dem Pfarrer nicht persönlich bekannt sind, ist eine *Bescheinigung* des zuständigen Pfarrers vorzulegen, die die Berechtigung zur Übernahme des Patenamtes ausspricht. Gehören die in Aussicht genommenen Paten einer anderen christlichen Kirche an, muß geprüft werden, ob sie in der betreffenden Landeskirche zum Patenamt zugelassen sind (vgl. Kapitel II, 6: „Die Aufgabe der Paten"). Gelegentlich kommt es vor, daß Paten bei der Taufe nicht persönlich anwesend kein können. In diesem Fall müssen sie *schriftlich* erklären, daß sie die Patenpflichten übernehmen wollen.

Der Tauftermin richtet sich in den meisten Kirchengemeinden nach festen Taufsonntagen (im Monat mindestens einmal), an denen die Kinder im Gemeindegottesdienst getauft werden. In größeren Kirchengemeinden werden auch besondere Taufgottesdienste gehalten. Die Taufe findet grundsätzlich in der Kirche statt. Nur in be-

gründeten Ausnahmefällen (zB ernste Erkrankung) kann die Taufe im Haus der Eltern erfolgen.
Voraussetzung der Taufe eines Kindes ist das *Taufgespräch* mit den Eltern über die Bedeutung der Taufe. Bei der Anmeldung der Taufe fehlt dazu oft die Zeit. Deshalb muß meist ein neuer Termin ausgemacht werden, an dem der Pfarrer mit den Eltern in Ruhe über die Taufe ihres Kindes sprechen kann. Die Anmeldung der Taufe sollte aus diesem Grund frühzeitig erfolgen (mindestens eine Woche vor der Taufe).

2. Das Taufgespräch

Die weitreichende Verantwortung, die sie mit der Taufe ihres Kindes übernehmen, muß den Eltern bewußt sein. Deshalb führt der Pfarrer mit den Eltern ein Taufgespräch, zu dem auch die Paten eingeladen werden sollten. Das Taufgespräch kann auch mit Elterngruppen geführt werden. In einem offenen Gespräch werden sachliche *Informationen* über die Bedeutung der Taufe gegeben. *Die Verpflichtungen,* die sich aus der Taufe ihres Kindes für die Eltern ergeben, werden eingehend besprochen.
Im Mittelpunkt des Taufgesprächs steht die Verheißung, die Christus der Taufe gegeben hat und die nun dem Kind zugute kommen soll. An dieser Verheißung haben Eltern und Paten durch die eigene Taufe teil. Die Taufe ist Aufnahme in die christliche Gemeinde. Beteiligen sich Eltern und Paten am Gemeindeleben? Die Taufe fordert Glauben. Wie stehen Eltern und Paten innerlich zu dem christlichen Glauben, zu dem sie das Kind erziehen sollen? Der Sinn eines solchen Taufgesprächs besteht darin, mit den Eltern zu überlegen, ob sie die Taufe ihres Kindes voll verantworten können. Je verständnisvoller und verantwortungsbewußter sie ihr

Kind zur Taufe bringen, desto leichter wird es den Eltern fallen, ihr Kind zum Glauben zu erziehen. Das Ergebnis des Taufgesprächs kann aber auch der freiwillige Entschluß sein, die Taufe des Kindes noch aufzuschieben, bis es sich selbst entscheiden kann. Ein solcher *Aufschub der Taufe* behaftet das Kind mit keinem Makel, sondern zeigt die Gewissenhaftigkeit der Eltern, die sich ihre Entscheidung nicht leicht gemacht haben.

Es kann auch sein, daß der Pfarrer die Taufe ablehnen muß, weil die evangelische Erziehung des Kindes nicht zu erwarten ist. Das Verfahren bei der Ablehnung einer Taufe durch den Pfarrer und die Einspruchsmöglichkeiten für die Betroffenen sind in jeder Landeskirche rechtlich geregelt. Im allgemeinen wird die *Taufversagung* in folgenden Fällen ausgesprochen:

1. Vater und Mutter gehören der evangelischen Kirche nicht an (vgl. Kapitel III, 1: „Die Anmeldung zur Taufe").
2. Vater und Mutter lehnen das Taufgespräch ab.
3. Vater und Mutter lehnen es ab, (einen) zum Patenamt zugelassene(n) Paten zu bestellen.
4. Vater und Mutter lehnen die Verantwortung für die evangelische Erziehung des Kindes ab.
5. Schulpflichtige evangelische Geschwister bleiben vom Religionsunterricht oder vom kirchlichen Unterricht aus Gleichgültigkeit der Eltern fern (die Schuld muß bei den Eltern liegen!).
6. Die Eltern haben „aus Geringschätzung des Wortes Gottes" (nur dieser Grund zählt!) auf die kirchliche Trauung verzichtet und beharren in ihrer Ablehnung.
7. Die Eltern lehnen den christlichen Glauben bewußt ab.
8. Die Eltern bereiten durch ihre Lebensführung der evangelischen Erziehung ihrer Kinder ein ernstes Hindernis.

Eine Taufversagung ist immer nur ein Aufschub der Taufe, bis die Gründe für die Versagung hinfällig geworden sind.

Auch Kinder, die nicht getauft worden sind, können den Kindergottesdienst besuchen und in den kirchlichen Unterricht aufgenommen werden.

3. Der Taufgottesdienst

Die Taufe gehört nach evangelischem Verständnis in den Gottesdienst. Zwar ist in neutestamentlicher Zeit nicht nur in Gegenwart der Gemeinde (vgl. Apg 2, 41), sondern auch an einsamen Orten getauft worden, zB am Straßenrand (vgl. Apg 8, 38) oder im Gefängnis (vgl. Apg 16, 33), aber wenn eine Gemeinde zusammenkommen kann, sollte die Taufe in ihrer Mitte geschehen. Sie ist ja ganz auf die Gemeinde ausgerichtet. Dennoch ist die Taufe im Gemeindegottesdienst verhältnismäßig neu. Die Taufen fanden nach der kirchlichen Überlieferung am Taufstein am Eingang der Kirche statt, aber nicht im Gottesdienst. In der Zeit der Aufklärung wurde die Taufe aus der Kirche in das Haus verlegt. Die Haustaufe wurde ganz zur Familienfeier. Heute findet die Taufe wieder bewußt in der Kirche statt, aber im Gemeindegottesdienst oder in einem Taufgottesdienst, zu dem die Gemeinde eingeladen wird. Im Gemeindegottesdienst wird die Taufe im Eingangsteil oder am Schluß vor dem Fürbittengebet gehalten.

Das *liturgische Formular,* das bei der Taufe eines Kindes gebraucht wird, ist in den evangelischen Landeskirchen nicht einheitlich. Durch lutherische und reformierte Einflüsse haben sich vor allem drei Formen herausgebildet.

Die *erste Form* richtet sich nach Luthers Taufbüchlein aus dem Jahr 1526. Sie ist vor allem für das norddeutsche Luthertum maßgebend geworden. Es handelt sich um die abgeänderte und stark verkürzte mittelalterliche Taufliturgie. Nach dem *Eingangswort* und dem *Taufbefehl* (vgl. Mt 28, 18—20; Mk 16, 16) erfolgt die Bezeichnung des Täuflings mit dem *Kreuzeszeichen* an Stirn und Brust. Ein Gebet („... so öffne nun die Tür dem Kinde, für das wir anklopfen, und reiche ihm das Gut, um das wir bitten..."), die *Taufpredigt,* das *Kinderevangelium* (vgl. Mk 10, 13—16) schließen sich an. Das folgende *Vaterunser* kann unter *Handauflegung* (auch durch Eltern und Paten) gebetet werden. Dann wird entweder das *Apostolische Glaubensbekenntnis* von den Eltern und Paten (und der Gemeinde) gesprochen oder das Kind wird direkt angeredet, aber Eltern und Paten antworten. Im zweiten Fall wird zunächst gefragt: „Entsagst du dem Teufel und all seinen Werken und all seinem Wesen? So antwortet, ihr Eltern und Paten, anstelle dieses Kindes: Ja." Auf diese *Absage an den Teufel* wird die Frage an den Täufling gerichtet: „Glaubst du an Gott den Vater, den Allmächtigen... So antwortet, ihr Eltern und Paten, anstelle dieses Kindes: Ja." Auch die nächste *Frage* kann entweder an Eltern und Paten gestellt werden („Wollt ihr, daß dies Kind auf den Namen des Vaters und des Sohnes und des heiligen Geistes getauft werde?") oder sich an den Täufling richten („Willst du getauft werden?"), für den Eltern und Paten stellvertretend antworten. Der Pfarrer fragt nach dem Namen des Kindes. Dann erfolgt die *Taufe.* Der Pfarrer begießt mit der Hand dreimal das Haupt des Kindes in einer für die Zeugen sichtbaren Weise mit den Worten: „N. N. (Name des Kindes), ich taufe dich im Namen des Vaters und des Sohnes und des heiligen Geistes." Er legt dem Kind mit einem Segenswort die Hand auf (zB: Der allmächtige Gott und Vater unseres Herrn Jesus Christus, der dich von neuem geboren hat durch Wasser und den heiligen Geist und dir alle deine Sünde vergeben, der stärke dich mit seiner Gnade zum ewigen Leben. Friede sei mit dir."). Anschließend erfolgt die *Ermahnung* an Eltern und Paten, sich des Kindes anzunehmen, ihm seine Taufe zu bezeugen, es „in der reinen Lehre des Evangeliums und in der Erkenntnis Gottes und seines Willens" zu erziehen und für das Kind zu beten. *Die Segnung der Mutter* kann sich anschließen. Lied, Gebet und Segen beenden die Taufliturgie.

Die *zweite Form* lehnt sich an lutherische oberdeutsche Taufordnungen des 16. Jahrhunderts an. In dieser Taufform fehlt die Absage an den Teufel. An das Kind werden keine Fragen gestellt („Entsagst du dem Teufel...? Glaubst du...? Willst du getauft werden...?"). Dafür enthält das Taufformular eine Frage an Eltern und Paten nach der *christlichen Erziehung* des Kindes („Versprecht ihr, nach bestem Vermögen dafür zu sorgen, daß es im christlichen Glauben erzogen werde?").

Die *dritte Form* des Taufformulars geht von der Taufordnung der — reformierten — Pfälzischen Kirchenordnung aus dem Jahr 1563 aus. Sie ist im Vergleich zu den beiden anderen Formen die schlichteste: Lied, Eingangswort, Taufbefehl, Taufpredigt, Gebet, Apostolisches Glaubensbekenntnis, Fragen nach dem Taufbegehren und nach der christlichen Erziehung, Taufe, Segenswunsch, Gebet, Amen.

In den evangelischen Landeskirchen steht für jede Kirchengemeinde fest, welches Taufformular verwandt wird. In den Kirchen der Vereinigten Evangelisch-Lutherischen Kirche Deutschlands (VELKD) wird einheitlich die Taufe nach der ersten Form vollzogen. In den Kirchen, die der Evangelischen Kirche der Union (EKU) angehören, konnten die Kirchengemeinden bei der Einführung der Agende beschließen, nach welcher Form getauft werden sollte.

Alle Taufordnungen enthalten außerdem ein Formular für die *Taufe eines Erwachsenen,* das sich von dem Formular für die Taufe eines Kindes natürlich darin unterscheidet, daß die Fragen an den Täufling gerichtet werden. An die Stelle des Kinderevangeliums tritt eine Lesung aus dem Johannesevangelium mit dem *Wort Jesu an Nikodemus* (vgl. Joh 3, 5—8).

Über dem liturgischen Ablauf darf die Bedeutung der *Taufpredigt* nicht übersehen werden, in der Gottes Handeln in der Taufe entfaltet wird. Die Taufpredigt richtet sich an die ganze Gemeinde; denn um von der Taufe her zu leben, müssen die Getauften an ihre Taufe erinnert werden. Zugleich wendet sich die Taufpredigt in besonderer Weise an die Menschen, die für ihr Kind oder für sich selbst die Taufe begehren, um ihnen noch einmal den Zusammenhang zwischen Taufe und Glaubensentscheidung, der bereits im Taufgespräch erörtert wurde, vor Augen zu stellen.

Alle Getauften werden der Gemeinde durch *Abkündigung* namentlich mitgeteilt und in das *Fürbittengebet* eingeschlossen.

4. Die Nottaufe

Wenn für ein ungetauftes Kind (oder für einen ungetauften Erwachsenen) Todesgefahr besteht und ein Pfarrer nicht mehr herbeigeholt werden kann, darf *jeder getaufte Christ* die Taufe ohne besondere Formalitäten vollziehen. Bei einer solchen *Nottaufe* liest der Taufende den Taufbefehl vor (vgl. Mt 28, 18—20; Mk 16, 16). Dann wird das Vaterunser und anschließend das Glaubensbekenntnis gesprochen. Der Taufende begießt mit der Hand in einer für die Zeugen der Taufe sichtbaren Weise dreimal den Kopf des Kindes mit Wasser und sagt dazu: „N. N. (Name des Kindes), ich taufe dich im Namen des Vaters und des Sohnes und des heiligen Geistes." Der Taufende fährt fort: „Der allmächtige Gott und Vater unseres Herrn Jesus Christus, der dich von neuem geboren hat durch Wasser und den heiligen Geist und dir alle deine Sünden vergeben, der stärke dich mit seiner Gnade zum ewigen Leben. Friede sei mit dir."

Die Nottaufe muß dem zuständigen Pfarrer mitgeteilt werden. Wenn das getaufte Kind (oder der getaufte Erwachsene) wieder gesund geworden ist, wird die Nottaufe vor der versammelten Gemeinde als rechtmäßig vollzogene Taufe *bestätigt*. Der Pfarrer teilt der Gemeinde den Vollzug der Nottaufe mit und stellt die Frage an die Taufzeugen: „Ist dieses Kind im Namen des Vaters und des Sohnes und des heiligen Geistes getauft worden?" Die Taufzeugen bejahen die Frage. Der Pfarrer fragt weiter: „Ist das Kind mit Wasser getauft worden?" Die Taufzeugen bejahen erneut. Daraufhin erklärt der Pfarrer, daß das Kind die rechte christliche Taufe erhalten hat.

Die Nottaufe ist eine Möglichkeit, ein vom Tode bedrohtes Kind oder einen vom Tode bedrohten Erwachsenen in Tod und Auferstehung Jesu einzubeziehen und ihm das verheißene neue Leben zuzuwenden. Es kann jedoch keine Rede davon sein, daß ungetaufte Kinder nicht selig werden könnten. Die Nottaufe kann trösten. Sie ist aber kein Gesetz. *Calvin* hat mit der Begründung die Nottaufe abgelehnt, daß die Kinder der christlichen Gemeinde schon von ihrer Geburt an von Gott als die Seinen angenommen seien. Die reformierte Tauflehre spricht deshalb nur von einer *Jähtaufe* oder *Eiltaufe*.

ANHANG

I. Texte aus den Bekenntnisschriften zur Taufe

1. Aus dem Nicänischen Glaubensbekenntnis

Ich bekenne eine einige Taufe zur Vergebung der Sünden.

2. Aus dem Augsburgischen Bekenntnis

(Textwiedergabe nach: R. Stupperich, Das Bekenntnis der Reformation, 1966)

IX. Von der Taufe

Von der Taufe wird gelehrt, daß sie nötig sei und daß dadurch Gnade angeboten werde, daß man auch die Kinder taufen soll, welche durch solche Taufe Gott überantwortet und gefällig werden.

Derhalben werden die Wiedertäufer verworfen, welche lehren, daß die Kindertaufe nicht recht sei.

3. Aus den Schmalkaldischen Artikeln

(Textwiedergabe nach: Calwer Luther-Ausgabe, Siebenstern-Taschenbuch 7, 2. Auflage 1967)

Von der Kindertaufe

Hier ist unsere Stellung die, daß man die Kinder taufen solle. Denn sie gehören auch zu der verheißenen Erlösung, die durch Christus geschehen ist, und die Kirche soll sie ihnen reichen.

4. Aus dem Großen Katechismus Martin Luthers

(Textwiedergabe nach: Calwer Luther-Ausgabe, Siebenstern-Taschenbuch 7, 2. Auflage 1967)

Der vierte Teil: Von der Taufe

(Von der Berechtigung und Gültigkeit der Kindertaufe:)

... Dazu sagen wir kurz: wer ungelehrt ist, der entschlage sich der Frage und überlasse sie den Gelehrten. Willst du aber eine Antwort geben, so antworte folgendermaßen: Daß die Kindertaufe Christus wohlgefällt, wird aus seinem eigenen Werk genug erwiesen. Gott machte nämlich viele von denen, die in dieser Weise getauft worden sind, heilig und hat ihnen den Heiligen Geist gegeben; und auch heutzutage gibt es noch viele, denen man es anspürt, daß sie den Heiligen Geist haben, sowohl an ihrer Lehre als auch an ihrem Leben. So ist es ja auch uns von Gottes Gnade gegeben, daß wir wirklich die Schrift auslegen und Christus erkennen können; und das kann ohne den Heiligen Geist nicht geschehen. Wenn aber Gott die Taufe von Kindern nicht gelten ließe, so würde er keinem von ihnen den Heiligen Geist oder auch nur ein Stück davon geben; kurz, es dürfte dann seit so langer Zeit bis auf den heutigen Tag keinen Menschen auf Erden geben, der ein Christ wäre.

.... Das Kind tragen wir herzu in dem Gedanken und der Hoffnung, daß es glaube, und bitten, daß ihm Gott den Glauben gebe. Aber daraufhin taufen wir es nicht, sondern bloß daraufhin, daß Gott es befohlen hat. Warum das? Darum, weil wir wissen, daß Gott nicht lügt. Ich und mein Nächster und überhaupt alle Menschen mögen fehlen und trügen; aber Gottes Werk kann nicht fehlen.

(Von der Bedeutung und dem Sinn der Taufhandlung:)

.... So sieht man, ein wie hohes, vortreffliches Ding es um die Taufe ist: sie reißt uns dem Teufel aus dem Rachen, macht uns zu Gottes Eigentum, unterdrückt die Sünde und nimmt sie weg; darnach stärkt sie täglich den neuen Menschen und wirkt immer weiter und bleibt, bis wir aus diesem Elend zur ewigen Herrlichkeit kommen. Darum soll jeder die Taufe als sein tägliches Kleid ansehen, in dem er immerfort gehen soll; er soll sich allezeit im Glauben und seinen Früchten finden lassen, um den alten Menschen zu unterdrücken und am neuen Menschen zu wachsen. Denn wollen wir Christen sein, so müssen wir das Werk treiben, durch welches wir Christen sind; fällt aber jemand davon ab, so komme er wieder herzu. Denn es ist ist so wie bei Christus, an dessen Thron wir Gnade finden: er weicht nicht von uns und wehrt uns nicht, wieder zu ihm zu kommen, obwohl wir sündigen; so bleibt auch sein ganzer Schatz und all seine Gabe bestehen. Wie man nun in der Taufe Vergebung der Sünden *ein*mal bekommen hat, so bleibt sie noch täglich, solange wir leben, d. h. solange wir uns mit dem alten Menschen herumschleppen.

5. Aus dem Kleinen Katechismus Martin Luthers

Das Vierte Hauptstück
Das Sakrament der heiligen Taufe

ZUM ERSTEN

Was ist die Taufe?
Die Taufe ist nicht allein schlicht Wasser, sondern sie ist das Wasser in Gottes Gebot gefaßt und mit Gottes Wort verbunden.
Welches ist denn solch Wort Gottes?
Da unser Herr Christus spricht bei Matthäus im letzten Kapitel:
Gehet hin in alle Welt, lehret alle Völker
und taufet sie im Namen des Vaters und des Sohnes
und des Heiligen Geistes.

ZUM ANDERN

Was gibt oder nützt die Taufe?
Sie wirkt Vergebung der Sünden, erlöset vom Tode und Teufel und gibt die ewige Seligkeit allen, die es glauben, wie die Worte und Verheißung Gottes lauten.

Welches sind denn solche Worte und Verheißung Gottes?
Da unser Herr Christus spricht bei Markus im letzten Kapitel:
Wer da glaubet und getauft wird,
der wird selig werden;
wer aber nicht glaubet,
der wird verdammet werden.

ZUM DRITTEN

Wie kann Wasser solch große Dinge tun?
Wasser tut's freilich nicht, sondern das Wort Gottes, so mit und bei dem Wasser ist, und der Glaube, so solchem Worte Gottes im Wasser trauet. Denn ohne Gottes Wort ist das Wasser schlicht Wasser und keine Taufe; aber mit dem Worte Gottes ist's eine Taufe, das ist ein gnadenreich Wasser des Lebens und ein Bad der neuen Geburt im Heiligen Geist; wie Paulus sagt zu Titus im dritten Kapitel;
Gott macht uns selig
durch das Bad der Wiedergeburt und Erneuerung
des Heiligen Geistes,
welchen er ausgegossen hat über uns reichlich
durch Jesus Christus, unsern Heiland,
auf daß wir durch desselben Gnade
gerecht und Erben seien des ewigen Lebens
nach der Hoffnung.
Das ist gewißlich wahr.

ZUM VIERTEN

Was bedeutet denn solch Wassertaufen?
Es bedeutet, daß der alte Adam in uns durch tägliche Reue und Buße soll ersäuft werden und sterben mit allen Sünden und bösen Lüsten; und wiederum täglich herauskommen und auferstehen ein neuer Mensch, der in Gerechtigkeit und Reinigkeit vor Gott ewiglich lebe.

Wo steht das geschrieben?
Der Apostel Paulus spricht zu den Römern im sechsten Kapitel:
Wir sind samt Christus durch die Taufe begraben in den Tod,
auf daß, gleichwie Christus ist von den Toten auferweckt durch die Herrlichkeit des Vaters,
also sollen auch wir in einem neuen Leben wandeln.

6. Aus dem Heidelberger Katechismus

Frage 66
Was sind Sakramente?

Diese sichtbaren heiligen Wahrzeichen und Siegel hat Gott eingesetzt. Er will uns durch ihren Gebrauch die Verheißung des Evangeliums noch besser verständlich machen und versiegeln, daß er uns wegen des einmaligen Opfers Christi am Kreuz Vergebung der Sünden und ewiges Leben aus Gnaden schenkt.

Frage 69
Wie wird dir in der heiligen Taufe
in Erinnerung gerufen und versichert,
daß du an dem einmaligen Opfer Christi
am Kreuz Anteil hast?

Christus hat dies äußere Wasserbad eingesetzt und die Verheißung hinzugefügt: So gewiß ich äußerlich mit Wasser gewaschen bin, das den Schmutz von unserm Leibe entfernt, so gewiß bin ich mit seinem Blut und Geist von der Unreinheit meiner Seele gewaschen, nämlich von allen meinen Sünden.

Frage 70
Was heißt:
mit dem Blut und Geist Christi gewaschen sein?

Wir haben Vergebung der Sünden von Gott aus Gnaden um des Blutes Christi willen, das er in seinem Opfer am

Kreuz für uns vergossen hat. Auch werden wir durch den Heiligen Geist erneuert und zu Gliedern Christi geheiligt, um je länger je mehr der Sünde abzusterben und ein Gott wohlgefälliges, unsträfliches Leben zu führen.

Frage 71
Wo hat Christus verheißen,
daß wir so gewiß mit seinem Blut und Geist
wie mit dem Taufwasser
gewaschen sind?

In der Einsetzung der Taufe: Gehet hin und machet zu Jüngern alle Völker: taufet sie auf den Namen des Vaters und des Sohnes und des Heiligen Geistes. Wer da glaubet und getauft wird, der wird selig werden; wer aber nicht glaubet, der wird verdammt werden. Diese Verheißung wird wiederholt, wenn die Heilige Schrift die Taufe das Bad der Wiedergeburt und die Abwaschung der Sünden nennt.

Frage 72
Wäscht denn das Wasser unsere Sünden ab?

Nein; denn allein das Blut Jesu Christi und der Heilige Geist reinigt uns von allen Sünden.

Frage 73
Warum denn nennt der Heilige Geist
die Taufe
das Bad der Wiedergeburt
und die Abwaschung der Sünden?

Gott redet so nicht ohne guten Grund. Er will uns damit lehren: Wie der Schmutz des Leibes durch Wasser, so werden unsere Sünden durch Blut und Geist Christi hinweggenommen. Vor allem will er uns durch dies göttliche Pfand und Wahrzeichen versichern, daß wir so wahrhaftig von unsern Sünden geistlich gewaschen sind, wie wir äußerlich mit Wasser gewaschen werden.

Frage 74
Soll man auch die kleinen Kinder taufen?

Ja; denn sie gehören ebenso wie die Erwachsenen in den Bund Gottes und seine Gemeinde. Auch wird ihnen nicht weniger als den Erwachsenen in dem Blut Christi die Erlösung von den Sünden und der Heilige Geist, der den Glauben wirkt, zugesagt. Darum sollen sie auch durch die Taufe als das Zeichen des Bundes in die christliche Kirche als Glieder eingefügt und von den Kindern der Ungläubigen unterschieden werden, wie dies im Alten Testament durch die Beschneidung geschah, an deren Stelle im Neuen Testament die Taufe eingesetzt ist.

II. Die Taufformulare nach der Agende

(Textwiedergabe nach: Agende für die Evangelische Kirche der Union, II. Band, Die kirchlichen Handlungen, gekürzt)

1. Die Taufe eines Kindes

ERSTE FORM

Gemeinde: Lied
Pastor: Der Friede des Herrn sei mit euch allen.
Gemeinde: Amen.
Pastor: Unser Herr Jesus Christus spricht:
Mir ist gegeben alle Gewalt im Himmel und auf Erden. Darum gehet hin und machet zu Jüngern alle Völker: taufet sie auf den Namen des Vaters und des Sohnes und des Heiligen Geistes und lehret sie halten alles, was ich euch befohlen habe. Und siehe, ich bin bei euch alle Tage bis an der Welt Ende. Wer da glaubet und getauft wird, der wird selig werden; wer aber nicht glaubet, der wird verdammt werden.

Der Pastor macht das Zeichen des Kreuzes an Stirn und Brust des Täuflings und spricht:

Pastor: Nimm hin das Zeichen des Kreuzes an Stirn und Brust, darum daß du durch Jesus Christus, den Gekreuzigten, erlöst bist.
Lasset uns beten:
Herr Jesus Christus, Du unsterblicher Trost aller, die Dich anrufen, Du Erlöser aller, die zu Dir flehen, Du Friede aller, die Dich bitten, Du Leben der Gläubigen und Auferstehung der Toten: wir rufen Dich an über diesem Kind, für das wir die Gabe Deiner Taufe erbitten, auf daß es durch die geistliche Wiedergeburt ewige Gnade erlange. Nimm es auf, Herr. Und wie Du gesagt hast: „Bittet, so wird euch gegeben; suchet, so werdet ihr finden; klopfet an, so wird euch aufgetan", so öffne nun die Tür dem Kinde, für das wir anklopfen, und reiche ihm das Gut, um das wir bitten, daß es den ewigen Segen dieses himmlischen Bades erlange und die verheißene Gabe Deines Reiches empfange. Der Du mit dem Vater und dem Heiligen Geiste lebest und regierest von Ewigkeit zu Ewigkeit.

Gemeinde: Amen.
Pastor: Taufpredigt
Gemeinde: Lied
Pastor: Höret, was geschrieben steht bei Markus im 10. Kapitel: Sie brachten Kinder zu Jesus, daß er sie anrührte. Die Jünger aber fuhren die an, die sie trugen. Da es aber Jesus sah, ward er unwillig und sprach zu ihnen: Lasset die Kinder zu mir kommen und wehret ihnen nicht; denn solcher ist das Reich Gottes.

Wahrlich, ich sage euch: Wer das Reich Gottes nicht empfängt wie ein Kind, der wird nicht hineinkommen. Und er herzte sie und legte die Hände auf sie und segnete sie.

Solchen Segen über dies Kind zu erlangen, lasset uns ihm die Hand auflegen und beten:

Gebet des Herrn

Der Herr behüte deinen Ausgang und Eingang von nun an bis in Ewigkeit. Amen.

Liebe Eltern und Paten. Ihr begehrt, daß dies Kind getauft und durch die Heilige Taufe der Gewalt des Bösen entrissen und ein Glied am Leibe Christi werde. So bekennet nun anstatt dieses unmündigen Kindes mit der christlichen Kirche den Glauben an den Dreieinigen Gott.

Eltern und Paten (und Gemeinde): Apostolisches Glaubensbekenntnis

Pastor: Wollt ihr, daß dies Kind auf den Namen des Vaters und des Sohnes und des Heiligen Geistes getauft werde?
So antwortet: Ja.

Eltern und Paten: Ja.

oder

Pastor: Entsagst du dem Teufel und all seinen Werken und all seinem Wesen? So antwortet, ihr Eltern und Paten, anstelle dieses Kindes: Ja.

Eltern und Paten: Ja.

Pastor: Glaubst du an Gott den Vater, den Allmächtigen, Schöpfer Himmels und der Erde; und

> an Jesus Christus, Gottes eingebornen Sohn, unsern Herrn, der empfangen ist vom Heiligen Geist, geboren von der Jungfrau Maria, gelitten unter Pontius Pilatus, gekreuziget, gestorben und begraben, niedergefahren zur Hölle, am dritten Tage auferstanden von den Toten, aufgefahren gen Himmel, sitzend zur Rechten Gottes, des allmächtigen Vaters, von dannen er kommen wird, zu richten die Lebendigen und die Toten; glaubst du an den Heiligen Geist, Eine heilige christliche Kirche, die Gemeinde der Heiligen, Vergebung der Sünden, Auferstehung des Fleisches und ein ewiges Leben? So antwortet, ihr Eltern und Paten, anstelle dieses Kindes: Ja.

Eltern und
Paten: Ja.
Pastor: Willst du getauft werden? So antwortet, ihr Eltern und Paten, anstelle dieses Kindes: Ja.
Eltern und
Paten: Ja.
Pastor: Wie heißt das Kind?

Ein Pate oder der Vater des Kindes nennt den Namen des Täuflings.

Der Pastor begießt mit der Hand dreimal das Haupt des Kindes mit Wasser in einer für die Zeugen sichtbaren Weise und spricht:

Pastor: N.N. ich taufe dich im Namen des Vaters und des Sohnes und des Heiligen Geistes.

Der Pastor legt dem Kind die Hand auf und spricht:

Pastor: Der allmächtige Gott und Vater unseres Herrn Jesus Christus, der dich von neuem geboren hat durch Wasser und den Heiligen Geist und dir alle deine Sünde vergeben,

	der stärke dich mit seiner Gnade zum ewigen Leben. Friede sei mit dir.
Gemeinde:	Amen.
Pastor:	Liebe Eltern und Paten. Ich ermahne euch um der Liebe Christi willen: nehmt euch in Treue dieses Kindes an, bezeugt ihm seine Taufe und sorgt, daß es in der reinen Lehre des Evangeliums und in der Erkenntnis Gottes und seines Willens aufgezogen werde. Betet allezeit für dieses Kind, daß es in der Gemeinschaft unseres Herrn Jesus Christus bleibe, bis Gott das gute Werk vollende, das er in ihm angefangen hat.
Gemeinde:	Lied
Pastor:	Lasset uns beten: Allmächtiger, barmherziger Gott und Vater. Wir sagen Dir von Herzen Lob und Dank, daß Du Deine Kirche gnädig erhältst und mehrst und auch dieses Kind durch die Heilige Taufe wiedergeboren und zu einem Gliede am Leibe Deines lieben Sohnes Jesus Christus gemacht hast. Wir bitten Dich demütig: erhalte dieses Kind in der empfangenen Gnade. Rüste Eltern und Paten aus mit Weisheit und Kraft. Bewahre uns alle, die zur heiligen Taufe gerufen und gebracht werden, im rechten Glauben, auf daß wir dereinst mit allen Heiligen das verheißene Erbteil erlangen. Durch Jesus Christus, Deinen Sohn, unsern Herrn.
Gemeinde:	Amen.
Pastor:	Segen
Gemeinde:	Amen.

ZWEITE FORM

Gemeinde: Lied

Pastor: Im Namen des Vaters und des Sohnes und des Heiligen Geistes.

Liebe Gemeinde. Es ist uns hier ein Kind gebracht, damit es dem Gebet der christlichen Kirche befohlen und nach dem Gebot unseres Herrn Jesus Christus getauft werde. So höret die Worte Christi von der Einsetzung der Heiligen Taufe:

Mir ist gegeben alle Gewalt im Himmel und auf Erden. Darum gehet hin und machet zu Jüngern alle Völker: taufet sie auf den Namen des Vaters und des Sohnes und des Heiligen Geistes und lehret sie halten alles, was ich euch befohlen habe. Und siehe, ich bin bei euch alle Tage bis an der Welt Ende.

Höret auch, welche Verheißung unser Herr Jesus Christus der Taufe gegeben hat: Wer da glaubet und getauft wird, der wird selig werden; wer aber nicht glaubet, der wird verdammt werden.

Taufpredigt

Lasset uns beten:

Allmächtiger Gott. Du hast durch Deinen lieben Sohn, unseren Herrn Jesus Christus, die Taufe eingesetzt und zu einem Bade der Wiedergeburt und Erneuerung im Heiligen Geiste verordnet. Wir bitten Dich: erbarme Dich auch dieses Kindes, laß an ihm alles, was sündhaft ist, untergehen, hilf, daß es mit allen Gläubigen nach Deiner Verheißung das ewige Leben erlange. Durch Jesus Christus, unsern Herrn. Amen.

Höret, was geschrieben steht bei Markus im 10. Kapitel: Sie brachten Kinder zu Jesus, daß er sie anrührte. Die Jünger aber fuhren die an, die sie trugen. Da es aber Jesus sah, ward er unwillig und sprach zu ihnen: Lasset die Kinder zu mir kommen und wehret ihnen nicht; denn solcher ist das Reich Gottes. Wahrlich, ich sage euch: Wer das Reich Gottes nicht empfängt wie ein Kind, der wird nicht hineinkommen. Und er herzte sie und legte die Hände auf sie und segnete sie.

Solchen Segen über dies Kind zu erlangen, lasset uns ihm die Hand auflegen und beten:

Gebet des Herrn

Lasset uns unseren christlichen Glauben bekennen, auf den dies Kind getauft werden soll.

Pastor und
Gemeinde: Apostolisches Glaubensbekenntnis

Pastor: Begehrt ihr Eltern und Paten, daß dies Kind auf den Namen des Vaters und des Sohnes und des Heiligen Geistes getauft werde? So antwortet: Ja:

Eltern und
Paten: Ja.

Pastor: Versprecht ihr, nach bestem Vermögen dafür zu sorgen, daß es im christlichen Glauben erzogen werde? So antwortet: Ja.

Eltern und
Paten: Ja.

Der Pastor begießt mit der Hand dreimal das Haupt des Kindes mit Wasser in einer für die Zeugen sichtbaren Weise und spricht:

Pastor: N. N., ich taufe dich im Namen des Vaters und des Sohnes und des Heiligen Geistes.
Der Gott aller Gnade, der dich berufen hat zu seiner ewigen Herrlichkeit in Christus, der wolle dich vollbereiten, stärken, kräftigen, gründen und durch den Glauben bewahren zum ewigen Leben. Amen.

So nehmen wir nun dies Kind auf in die Gemeinde Jesu Christi und bezeichnen es mit dem Zeichen des Kreuzes zum Zeugnis, daß es sich hinfort nicht schämen soll, zu bekennen den Glauben an den Gekreuzigten.
Friede sei mit dir.

Liebe Eltern und Paten. Ich ermahne euch um der Liebe Christi willen: Nehmt euch in Treue eures Kindes an, bezeugt ihm seine Taufe und sorgt, daß es in der reinen Lehre des Evangeliums auferzogen werde, auf daß es Gott erkenne und seinen Willen tue. Betet allezeit für euer Kind, daß es in der Gemeinschaft unseres Herrn Jesus Christus bleibe, bis Gott das gute Werk vollendet, das er in ihm angefangen hat.

Gemeinde: Lied

Pastor: Lasset uns beten:
Heiliger Gott, Vater, Sohn und Heiliger Geist. Wir haben Dir dies Kind im Glauben übergeben, und Du hast es aufgenommen in die Zahl Deiner Kinder, die zu Erben des ewigen Lebens berufen sind. Wir danken Dir für diese große Barmherzigkeit und bitten Dich: behüte es auf allen seinen Wegen, daß niemand es aus Deiner Hand reiße. Erhalte es, himmlischer Vater, in Deiner Liebe;

verherrliche an ihm, Du treuer Heiland, Deine Gnade; rüste es aus, Du Geist des Lebens, mit himmlischen Kräften. Bewahre es aus Deiner Macht durch den Glauben zum ewigen Leben. Amen.
Segen.

DRITTE FORM

Gemeinde: Lied
Pastor: Unsere Hilfe steht im Namen des Herrn, der Himmel und Erde gemacht hat.
Gemeinde: Amen.
Pastor: Unser Herr Jesus Christus spricht:
Mir ist gegeben alle Gewalt im Himmel und auf Erden. Darum gehet hin und machet zu Jüngern alle Völker: taufet sie auf den Namen des Vaters und des Sohnes und des Heiligen Geistes und lehret sie halten alles, was ich euch befohlen habe. Und siehe, ich bin bei euch alle Tage bis an der Welt Ende. Wer da glaubet und getauft wird, der wird selig werden; wer aber nicht glaubet, der wird verdammt werden.

Taufpredigt

So laßt uns auch dies Kind der Gnade Gottes befehlen und also beten:
Allmächtiger, ewiger Gott. Wir bitten Dich um Deiner grundlosen Barmherzigkeit willen: Sieh dies Dein Kind in Gnaden an, daß es ein Glied am Leibe Christi werde. Laß es mit ihm in seinen Tod begraben werden, mit ihm auferstehen zu einem neuen Leben, ihm anhangen mit wahrem Glauben, beständiger Hoffnung und inbrünstiger Liebe, ihm nachfolgen, sein Kreuz fröhlich tragen und durch

den Tod zum Leben dringen, daß es am Jüngsten Tage vor dem Richterstuhl unseres Herrn Jesus Christus unerschrocken erscheine. Durch unsern Herrn Jesus Christus, der mit Dir und dem Heiligen Geiste, ein einiger Gott, lebet und regieret in Ewigkeit.

Gemeinde: Amen.

Pastor und
Gemeinde: Gebet des Herrn

Pastor: Lasset uns unsern christlichen Glauben bekennen, auf den dies Kind getauft werden soll.

Pastor und
Gemeinde: Apostolisches Glaubensbekenntnis

Pastor: Begehrt ihr Eltern und Paten, daß dies Kind auf den Namen des Vaters und des Sohnes und des Heiligen Geistes getauft werde? So antwortet: Ja.

Eltern und
Paten: Ja.

Pastor: Versprecht ihr, nach bestem Vermögen dafür zu sorgen, daß es im christlichen Glauben erzogen werde? So antwortet: Ja.

Eltern und
Paten: Ja.

Der Pastor begießt mit der Hand dreimal das Haupt des Kindes mit Wasser in einer für die Zeugen sichtbaren Weise und spricht:

Pastor: N. N., ich taufe dich im Namen des Vaters und des Sohnes und des Heiligen Geistes.
Der Gott aller Gnade, der dich berufen hat zu seiner ewigen Herrlichkeit in Christus, der wolle dich vollbereiten, stärken, kräftigen, gründen und durch den Glauben bewahren zum ewigen Leben. Amen.

Lasset uns dem Herrn danken:
Allmächtiger Gott und Vater. Wir sagen Dir Lob und Dank, daß Du uns und unsern Kindern durch das Blut Deines lieben Sohnes alle unsre Sünden verziehen, uns durch Deinen Heiligen Geist zu Gliedern am Leibe Deines eingeborenen Sohnes gemacht und zu Deinen Kindern angenommen hast. Dies alles hast Du uns durch die Heilige Taufe versiegelt und bekräftigt. Wir bitten Dich durch Deinen lieben Sohn, daß Du dies Kind mit Deinem Heiligen Geiste allezeit regierest, damit es in dem Herrn Jesus Christus wachse und zunehme. Stärke es, Deine väterliche Güte und Barmherzigkeit zu bekennen, in aller Gerechtigkeit unter unserm einigen Lehrer, Hohenpriester und König Jesus Christus zu leben und ritterlich wider die Sünde, den Teufel und sein ganzes Reich zu streiten und zu siegen, Dich und Deinen Sohn Jesus Christus samt dem Heiligen Geiste ewiglich zu loben und zu preisen.

Gemeinde: Amen.
Pastor: Segen.

2. Die Taufe eines Erwachsenen

ERSTE FORM

Gemeinde: Lied
Pastor: Der Friede des Herrn sei mit euch allen.
Gemeinde: Amen.
Pastor: Unser Herr Jesus Christus spricht:
Mir ist gegeben alle Gewalt im Himmel und auf Erden. Darum gehet hin und machet zu Jüngern alle Völker: taufet sie auf den Namen des Vaters und des Sohnes und des Hei-

ligen Geistes und lehret sie halten alles, was
ich euch befohlen habe. Und siehe, ich bin
bei euch alle Tage bis an der Welt Ende.
Wer da glaubet und getauft wird, der wird
selig werden; wer aber nicht glaubet, der
wird verdammt werden.

Der Pastor macht das Zeichen des Kreuzes an Stirn und
Brust des Täuflings und spricht:

Pastor: Nimm hin das Zeichen des Kreuzes an Stirn
und Brust, darum daß du durch Jesus Christus, den Gekreuzigten, erlöst bist.

Lasset uns beten:
Herr Jesus Christus, Du unsterblicher Trost
aller, die Dich anrufen, Du Erlöser aller, die
zu Dir flehen, Du Friede aller, die Dich bitten, Du Leben der Gläubigen und Auferstehung der Toten: wir rufen Dich an für
diesen unseren Bruder (diese unsere Schwester), der (die) um die Gabe Deiner Taufe
bittet, auf daß er (sie) durch die geistliche
Wiedergeburt ewige Gnade erlange. Nimm
ihn (sie) auf, Herr. Und wie du gesagt
hast: „Bittet, so wird euch gegeben; suchet,
so werdet ihr finden; klopfet an, so wird
euch aufgetan", so reiche nun das Gut dem,
der da bittet, und öffne die Tür dem, der
da anklopfet, daß er den ewigen Segen
dieses himmlischen Bades erlange und die
verheißene Gabe Deines Reiches empfange.
Der du mit dem Vater und dem heiligen
Geiste lebest und regierest von Ewigkeit zu
Ewigkeit.

Gemeinde: Amen.
Pastor: Taufpredigt
Gemeinde: Lied

Pastor:	Höret, was geschrieben steht im Evangelium des Johannes im 3. Kapitel:

Jesus sprach zu Nikodemus: Wahrlich, wahrlich, ich sage dir: Es sei denn, daß jemand geboren werde aus Wasser und Geist, so kann er nicht in das Reich Gottes kommen. Was vom Fleisch geboren wird, das ist Fleisch; und was vom Geist geboren wird, das ist Geist. Laß dich's nicht wundern, daß ich dir gesagt habe: Ihr müsset von neuem geboren werden. Der Wind bläst, wo er will, und du hörst sein Sausen wohl; aber du weißt nicht, woher er kommt und wohin er fährt. So ist ein jeglicher, der aus dem Geist geboren ist.

Lasset uns dem Täufling die Hand auflegen und also beten:

Gebet des Herrn

Der Herr behüte deinen Ausgang und Eingang von nun an bis in Ewigkeit. Amen.

Lieber Bruder. Du begehrst getauft und durch die Heilige Taufe der Gewalt des Bösen entrissen und ein Glied am Leibe Christi zu werden. So bekenne nun mit der christlichen Gemeinde den Glauben an den Dreieinigen Gott.

Pastor und Täufling (und Gemeinde):	Apostolisches Glaubensbekenntnis

oder

Pastor:	Entsagst du dem Teufel und all seinen Werken? So antworte: Ja, ich entsage.
Täufling:	Ja, ich entsage.

Pastor: Glaubst du an Gott den Vater, den Allmächtigen, Schöpfer Himmels und der Erde, und an Jesus Christus, Gottes eingebornen Sohn, unsern Herrn, der empfangen ist vom Heiligen Geist, geboren von der Jungfrau Maria, gekreuzigt, gestorben und begraben, niedergefahren zur Hölle, am dritten Tage auferstanden von den Toten, aufgefahren gen Himmel, sitzend zur Rechten Gottes, des allmächtigen Vaters, von dannen er kommen wird, zu richten die Lebendigen und die Toten; glaubst du an den Heiligen Geist, Eine heilige christliche Kirche, die Gemeinde der Heiligen, Vergebung der Sünden, Auferstehung des Fleisches und ein ewiges Leben? So antworte: Ja, ich glaube.

Täufling: Ja, ich glaube.

Pastor: Willst du getauft werden?

Täufling: Ja, ich will.

Der Pastor begießt mit der Hand dreimal das Haupt des Täuflings mit Wasser in einer für die Zeugen sichtbaren Weise und spricht:

Pastor: N. N., ich taufe dich im Namen des Vaters und des Sohnes und des Heiligen Geistes.
Der allmächtige Gott und Vater unsers Herrn Jesus Christus, der dich von neuem geboren hat durch Wasser und den Heiligen Geist und dir alle deine Sünde vergeben, der stärke dich mit seiner Gnade zum ewigen Leben. Friede sei mit dir.

Gemeinde: Amen.

Pastor: Lasset uns beten:
Allmächtiger, barmherziger Gott und Vater. Wir sagen Dir von Herzen Lob und Dank, daß Du Deine Kirche gnädig erhältst und

mehrst und auch diesen unsern Bruder (diese unsere Schwester) durch die Heilige Taufe wiedergeboren und zu einem Gliede am Leibe Deines lieben Sohnes Jesus Christus gemacht hast, so daß er (sie) Dein Kind und Erbe Deiner himmlischen Güter geworden ist. Wir bitten Dich demütig: erhalte ihn (sie) in der empfangenen Gnade. Bewahre uns und alle, die zur Heiligen Taufe gerufen und gebracht werden, im rechten Glauben, auf daß wir dereinst mit allen Heiligen das verheißene Erbteil erlangen. Durch Jesus Christus, Deinen Sohn, unsern Herrn.

Gemeinde: Amen.
Lied.
Pastor: Segen.

ANDERE FORM

Gemeinde: Lied.

Pastor: Im Namen des Vaters und des Sohnes und des Heiligen Geistes.

Liebe Gemeinde. Im Gehorsam gegen den Befehl Jesu Christi soll heute in dieser Versammlung N. N. im Namen des Dreieinigen Gottes getauft werden. Denn so hat der Herr einst zu seinen Jüngern gesprochen:

Gehet hin und machet zu Jüngern alle Völker: taufet sie auf den Namen des Vaters und des Sohnes und des Heiligen Geistes und lehret sie halten alles, was ich euch befohlen habe. Und siehe, ich bin bei euch alle Tage bis an der Welt Ende. Wer da glaubet und getauft wird, der wird selig werden; wer aber nicht glaubet, der wird verdammt werden.

Taufpredigt

Pastor,
Täufling
und
Gemeinde: Apostolisches Glaubensbekenntnis.

Pastor: Nun frage ich dich: Willst du bei diesem Bekenntnis bleiben, dem Evangelium Christi trauen und hinfort zu seiner Gemeinde gehören, so antworte: Ja, mit Gottes Hilfe.

Täufling: Ja, mit Gottes Hilfe.

Pastor: Herr, unser Heiland. Wir danken Dir, daß Du das Zeugnis Deiner Gnade unter uns aufgerichtest hast durch die Verkündigung Deines Evangeliums und es uns durch die Heilige Taufe versiegelst und bekräftigst. Wir bitten Dich: Beweise an unserem Bruder Deine Treue und gewähre ihm Deine rettende Gnade. Amen.

Pastor: Knie nieder!

Der Pastor begießt mit der Hand das Haupt des Täuflings dreimal mit Wasser in einer für die Zeugen sichtbaren Weise und spricht:

Pastor: N. N., ich taufe dich im Namen des Vaters und des Sohnes und des Heiligen Geistes.
Der Gott aller Gnade, der dich berufen hat zu seiner ewigen Herrlichkeit in Christus, der wolle dich vollbereiten, stärken, kräftigen, gründen und durch den Glauben bewahren zum ewigen Leben. Amen.
Lobe den Herrn, meine Seele, und was in mir ist, seinen heiligen Namen! Lobe den Herrn, meine Seele, und vergiß nicht, was er dir Gutes getan hat: der dir alle deine Sünde vergibt und heilet alle deine Gebrechen, der

	dein Leben vom Verderben erlöst, der dich krönet mit Gnade und Barmherzigkeit.
Gemeinde:	Lied.
Pastor:	Allmächtiger, barmherziger Gott. Wir danken Dir für Deine große Güte, mit der Du diesen unsern Bruder (diese unsere Schwester) durch die Heilige Taufe in Deine Gemeinde aufgenommen hast. Segne ihn (sie) und gieße über ihn (sie) Deinen Heiligen Geist aus. Laß ihn (sie) teilhaben an den mannigfaltigen Gaben Deines Geistes und verleihe ihm (ihr), daß er (sie) von Christi Fülle nehme Gnade um Gnade und in ihm bleibe. Bewahre ihn (sie) vor Versuchung und stärke ihn (sie), den guten Kampf des Glaubens zu kämpfen. Laß Deine Kraft in seiner (ihrer) Schwachheit mächtig werden und erhalte ihn (sie) fest in Deiner Liebe und in Deinem Dienst bis ans Ende. Amen. Friedensgruß.

LITERATURHINWEISE

Kurt Aland: Die Stellung der Kinder in den frühen christlichen Gemeinden — und ihre Taufe, 1967.

Karl Barth: Kirchliche Dogmatik, Band IV, 4 Fragment, Die Taufe als Begründung des christlichen Lebens, 1967.

Joachim Jeremias: Die Kindertaufe in den ersten vier Jahrhunderten, 1958.

Willi Marxsen: Darf man kleine Kinder taufen?, 1969.

Dieter Schellong u. a.: Warum Christen ihre Kinder nicht taufen lassen, 1969.

Edmund Schlink: Die Lehre von der Taufe, 1969.

MARTIN STIEWE

DAS UNIONSVERSTÄNDNIS
FRIEDRICH SCHLEIERMACHERS
Der Protestantismus als Konfession
in der Glaubenslehre

Reihe „Unio und Confessio", Heft 4,
172 Seiten, kartoniert, DM 16,80

Ein bislang wenig beachteter Aspekt, die „evangelisch-konfessionelle Intention" der Glaubenslehre Schleiermachers, hat die vorliegende Untersuchung veranlaßt. Der Autor mißt der Tatsache, daß Schleiermacher sein theologisches Hauptwerk als Unionsdogmatik entworfen und „den Protestantismus eine seit der Reformation dogmatisch einheitliche Konfession dargestellt" hat, eine „Schlüsselstellung in der theologischen Grundkonzeption Schleiermachers" zu und möchte mit der Durchklärung dieses Elements der Schleiermacher-Forschung neue Impulse vermitteln.

LUTHER-VERLAG